Die Bedeutung von Bildung in einer Dienstleistungs- und Wissensgesellschaft.
Welchen Bildungsauftrag hat die Universität?

NOVA ACTA LEOPOLDINA
Abhandlungen der Deutschen Akademie der Naturforscher Leopoldina

Herausgegeben von Jörg HACKER, Präsident der Akademie

NEUE FOLGE	NUMMER 407	BAND 121

Die Bedeutung von Bildung in einer Dienstleistungs- und Wissensgesellschaft.
Welchen Bildungsauftrag hat die Universität?

Symposium veranstaltet von der
Deutschen Akademie der Naturforscher Leopoldina –
Nationale Akademie der Wissenschaften
der Carl von Ossietzky-Universität Oldenburg
und der VolkswagenStiftung

am 19. Mai 2015 im
Tagungszentrum Schloss Herrenhausen, Hannover

Herausgegeben von:

Marita HILLMER (Oldenburg)

Katharina AL-SHAMERY (Oldenburg)
Mitglied der Leopoldina

**Deutsche Akademie der Naturforscher Leopoldina –
Nationale Akademie der Wissenschaften, Halle (Saale) 2015
Wissenschaftliche Verlagsgesellschaft Stuttgart**

Redaktion: Dr. Michael Kaasch und Dr. Joachim Kaasch
Einbandbild: Markus Hibbeler, Universität Oldenburg

Die Schriftenreihe Nova Acta Leopoldina erscheint bei der Wissenschaftlichen Verlagsgesellschaft Stuttgart, Birkenwaldstraße 44, 70191 Stuttgart, Bundesrepublik Deutschland.

Die Schriftenreihe wird gefördert durch das Bundesministerium für Bildung und Forschung sowie das Ministerium für Wissenschaft und Wirtschaft des Landes Sachsen-Anhalt.

Bibliografische Information der Deutschen Nationalbibliothek
Die Deutsche Nationalbibliothek verzeichnet diese Publikation in der Deutschen Nationalbibliografie; detaillierte bibliografische Daten sind im Internet über https://portal.dnb.de abrufbar.

Die Abkürzung ML hinter dem Namen der Autoren steht für Mitglied der Deutschen Akademie der Naturforscher Leopoldina – Nationale Akademie der Wissenschaften.

© 2015 Deutsche Akademie der Naturforscher Leopoldina e. V. – Nationale Akademie der Wissenschaften
Postadresse: Jägerberg 1, 06108 Halle (Saale), Postfachadresse: 110543, 06019 Halle (Saale)
Hausadresse der Redaktion: Emil-Abderhalden-Straße 37, 06108 Halle (Saale)
Tel.: +49 345 47239134, Fax: +49 345 47239139
Herausgeber: Prof. Dr. Dr. h. c. mult. Jörg Hacker, Präsident der Deutschen Akademie der Naturforscher Leopoldina – Nationale Akademie der Wissenschaften
Printed in Germany 2015
Gesamtherstellung: Druck-Zuck GmbH Halle (Saale)
ISBN: 978-3-8047-3513-2
ISSN: 0369-5034
Gedruckt auf chlorfrei gebleichtem Papier.

Inhalt

HACKER, Jörg: Grußwort 7

HILLMER, Marita, und AL-SHAMERY, Katharina: Vorwort und Übersicht 11

1. Ein Diskurs zum Bildungsbegriff

WOLTER, Andrä: Hochschulbildung vor neuen gesellschaftlichen Herausforderungen – Rückbesinnung auf die klassischen Bildungsideale oder Bildung neu denken? ... 25

MÜLLER, Albrecht VON: Humboldt 4.0. Perspektiven einer grundlegenden Erneuerung der Universität, die durch den technologischen Wandel ermöglicht und durch die Explosion von Komplexität und Wissen notwendig wird 39

BURCKHART, Holger: Bildung mit Bologna 47

PELLERT, Ada: Zeitgemäße Interpretation des Bildungsauftrags in einer wissensbasierten Netzwerkgesellschaft? 53

2. Wandel der Wissenschaftskultur

DOERING, Sabine: Traditionelle Formen des Lehrens und Lernens – Was können sie heute leisten? 65

PARCHMANN, Ilka, SCHWARZ, Karin, und PISTOR-HATAM, Anja: Universität als Ort der Wissenschaft – Universität als Ort, der Wissen schafft! 73

GILLEN, Julia: Universitäten als Entwicklungsräume – Überlegungen zum Bildungsauftrag von Universitäten im 21. Jahrhundert 81

SCHIMANK, Uwe: Bologna: Utopie ohne Zukunft? 93

3. Strategiefähigkeit und Profilbildung in Zeiten der Exzellenzinitiative

KLEINER, Matthias: Bildung als Gemeinschaftsaufgabe von Universitäten und Forschungsorganisationen 103

KRULL, Wilhelm: Humboldt Revisited. Ziele akademischer Bildung in der Wissensgesellschaft des 21. Jahrhunderts 109

BORGWARDT, Angela: Conclusio 119

Anhang

Veranstalter 127

Autorinnen und Autoren 129

Bildnachweis 132

Grußwort

Jörg Hacker ML (Halle/Saale)

Präsident der Deutschen Akademie der Naturforscher Leopoldina –
Nationale Akademie der Wissenschaften

Sehr verehrte Frau Ministerin,
sehr verehrte Frau Präsidentin,
sehr geehrte Damen und Herren Universitätspräsidenten und Rektoren,
sehr geehrter Herr Kleiner,
sehr geehrter Herr Prenzel,
sehr geehrter Herr Krull,
meine Damen und Herren!

1. Begrüßung und Danksagung

Auch ich möchte Sie herzlich zu unserem Symposium über den Bildungsauftrag der Universitäten begrüßen! Ich tue dies im Namen der Nationalen Akademie der Wissenschaften Leopoldina, die gemeinsam mit der Carl von Ossietzky-Universität Oldenburg und der VolkswagenStiftung zu diesem Symposium eingeladen hat. Für Ihre Initiative zur heutigen Veranstaltung danke ich Ihnen, sehr verehrte Frau Al-Shamery, ganz herzlich. Ich möchte ebenso dem Generalsekretär der VolkswagenStiftung, Herrn Krull, meinen großen Dank für die hervorragende Zusammenarbeit ausdrücken, welche Ihre Stiftung, sehr geehrter Herr Krull, und die Leopoldina schon bei vielen Gelegenheiten miteinander verbunden hat.

Meine Damen und Herren, ich freue mich darüber hinaus, dass ich Sie auch im Namen des Schirmherrn dieses Symposiums, der Allianz der deutschen Wissenschaftsorganisationen, herzlich begrüßen kann! Die Allianz ist ein Zusammenschluss der bedeutendsten Wissenschafts- und Forschungsorganisationen in Deutschland. Ihre Mitglieder sind – neben der Leopoldina – die Alexander von Humboldt-Stiftung, der Deutsche Akademische Austauschdienst (DAAD), die Deutsche Forschungsgemeinschaft (DFG), die Fraunhofer-Gesellschaft, die Helmholtz-Gemeinschaft Deutscher Forschungszentren, die Hochschulrektorenkonferenz, die Leibniz-Gemeinschaft, die Max-Planck-Gesellschaft und der Wissenschaftsrat.

Die Allianz nimmt regelmäßig zu Fragen der Wissenschaftspolitik, Forschungsförderung und strukturellen Weiterentwicklung des deutschen Wissenschaftssystems Stellung. Ich behaupte gewiss nicht zu viel, wenn ich sage, dass die Fragen, denen wir uns heute widmen werden, zu den wichtigsten gesellschafts- und wissenschaftspolitischen Herausforderungen der Gegenwart gehören. Daher freut es mich, dass Sie uns mit Ihrer Teilnahme an diesem Symposium Ihr großes Interesse an diesen Fragen signalisieren und dass Sie sich mit uns gemeinsam auf die Suche nach zeitgemäßen Antworten begeben möchten.

Jörg Hacker

2. Die Rolle der Universitäten in der Wissensgesellschaft

Meine Damen und Herren, ich habe in den vergangenen Jahren den Eindruck gewonnen, dass die Politik und die Öffentlichkeit in Deutschland die kaum zu überschätzende Bedeutung der Wissenschaft für die nachhaltige Sicherung unseres Wohlstands und für die demokratische Gestaltung unseres Gemeinwesens immer deutlicher wahrnehmen. Letztendlich kann dieses steigende Interesse nicht verwundern. Denn das Wissen, das von der Wissenschaft gemäß ihren eigenen methodischen Standards für die Erarbeitung, Überprüfung und Verbreitung von Forschungsergebnissen als gültig anerkannt wird, ist für zentrale gesellschaftliche Bereiche von herausragender Bedeutung. In diesem Sinne stellt sich die Wissensgesellschaft, die im Titel unseres Symposiums erwähnt wird, als eine Wissenschaftsgesellschaft dar.

Wer über die Zukunft des deutschen Wissenschaftssystems nachdenkt, muss solche Institutionen identifizieren, von deren weiterer Entwicklung die Zukunftsfähigkeit dieses Systems in besonderer Weise abhängt. Ich bin davon überzeugt, dass die wichtigste institutionelle Form des deutschen Wissenschaftssystems die Universität ist. Denn positive wie negative Entwicklungstendenzen der Universitäten haben weitreichende Auswirkungen auf das gesamte nationale Wissenschaftssystem.

Damit sollen andere Hochschulformen und Institutionen des Wissenschaftssystems in ihrer Bedeutung keineswegs abgewertet werden. Ganz im Gegenteil: Indem sie sich auf vielfältige Weise von den Universitäten unterscheiden, tragen sie angesichts der immer differenzierteren Ansprüche an Forschung, Lehre und Wissenstransfer zur Stärke des deutschen Wissenschaftssystems erheblich bei.

An den Universitäten werden Lehre, Forschung und Wissenstransfer gemeinsam und unauflöslich in einer Institution betrieben. Sie verknüpfen die Ausbildung künftiger Wissenschaftlergenerationen mit der Generierung neuer Erkenntnisse und mit der Vermittlung dieses Wissens in die Gesellschaft. Daher stehen die Universitäten für die kontinuierliche Ausübung wissenschaftlicher Aktivitäten, die starke Impulse für die Weiterentwicklung der Gesellschaft geben. Eine gute Voraussetzung hierfür bietet die Vielfalt der deutschen Universitätslandschaft, die sich aus unterschiedlichen Umsetzungen der Leitidee der Einheit von Forschung und Lehre ergibt.

Andererseits befinden sich, wie Sie alle wissen, die deutschen Universitäten in einem kritischen Zustand. Ihre systemerhaltende Rolle ist gefährdet – und damit auch ihr unverzichtbarer Beitrag für die Zukunft unseres Landes. Gerade wenn sie ihren Bildungsauftrag ernst nehmen, sehen sich die Universitäten in einer zunehmend schwierigen Lage, ihre Verantwortung gegenüber der Gesellschaft tragen zu können: Verminderung der Abbruchquoten, bessere Passung zum Arbeitsmarkt, problemlosere Verzahnung von Erststudium und lebensbegleitendem Lernen sowie bessere Integration ausländischer Studierender – das sind nur einige der zentralen Herausforderungen.

Neue Ideen zur Organisation von Lehre, Forschung und Wissenstransfer an den Universitäten, die auf diese Herausforderungen reagieren, müssen jedoch in einer finanziellen Situation erprobt werden, die nur als strukturelle Unterfinanzierung beschrieben werden kann. In dieser schwierigen Lage lassen sich insbesondere fünf Bereiche nennen, in denen großer Handlungsdruck besteht:

– Verständlicherweise bestimmt die Diskussion über die zukünftige Finanzierung des deutschen Wissenschaftssystems die aktuelle Debatte. Bei den Universitäten stellen sich wich-

tige Fragen bezüglich der Grundausstattung, des Verhältnisses von Grund- und Drittmittelfinanzierung sowie der Weiterentwicklung der Exzellenzinitiative.
- Neben der Finanzierung bilden rechtliche Rahmenbedingungen des Wissenschaftssystems einen weiteren Schwerpunkt der gegenwärtigen Diskussion. Wie kann den Universitäten rechtlich ein optimaler Spielraum für die eigenverantwortliche Planung eingeräumt werden?
- Die Ausdifferenzierung des Wissenschaftssystems wirft wichtige Strukturfragen für die Universitäten auf. Die Herausforderung besteht darin, angesichts der zu befürwortenden institutionellen und thematischen Vielfalt zu effektiven wie effizienten und nachhaltigen Strategien der engeren Kooperation und Vernetzung zwischen Institutionen zu kommen, um eine angemessene Spannung zwischen Synergien und Wettbewerb zu schaffen.
- Die Universitäten stehen vor der herausfordernden Aufgabe, sich im globalen Wettbewerb um finanzielle und intellektuelle Ressourcen strategisch besser zu positionieren. Dies betrifft die Steigerung der Attraktivität für renommierte Wissenschaftler und ebenso die Erhöhung der Anziehungskraft von deutschen Universitäten für ausländische Studierende. Hier geht es unter anderem um eine realistische Einschätzung des Standes des Bologna-Prozesses und um Strategien für eine deutliche Verbesserung der internationalen Sichtbarkeit der deutschen Universitäten.
- Eine weitere entscheidende Frage, die die Zukunft der Universitäten betrifft, stellt sich hinsichtlich der Gestaltung von Karrierewegen für Wissenschaftlerinnen und Wissenschaftler. In der globalisierten Wissensgesellschaft nehmen die Möglichkeiten gerade für hochqualifizierte Personen zu, nationale Wissenschaftssysteme zu verlassen. Daher stehen vor allem die Universitäten vor der Herausforderung, aus der Perspektive der Lebenslaufplanung junger Wissenschaftlerinnen und Wissenschaftler die angebotenen Karrieremöglichkeiten kritisch zu überprüfen.

3. Abschließende Bemerkungen

Meine Damen und Herren, ich konnte nur einige der Themen erwähnen, über die wir in absehbarer Zukunft debattieren werden, wenn es um die kaum zu überschätzende Rolle der Universitäten für Deutschland und sein Wissenschaftssystem geht. Das Symposium, zu dem wir uns heute versammelt haben, diskutiert drei Fragen, die aus ihrer jeweiligen Perspektive auch die von mir genannten Themen ansprechen: Wie sieht eigentlich ein zeitgemäßer Begriff akademischer Bildung aus? Welche Einflüsse haben aktuelle wissenschaftspolitische Entwicklungen auf die akademische Bildung? Und repräsentieren die Universitäten überhaupt noch die aktuelle Wissenschaftsentwicklung?

Ich bin davon überzeugt, dass die Diskussion über diese und andere Fragen genauso geführt werden sollte, wie wir im Idealfall wissenschaftliche Forschung betreiben: mit Offenheit für ungewöhnliche Ideen, mit kritischem Geist und Freude an der stringenten Argumentation sowie mit der Bereitschaft, auch unliebsame Einsichten zu akzeptieren und für die Planung des zukünftigen Vorgehens auszuwerten. Ich bin mir gewiss, dass wir heute Diskussionen verfolgen können, deren Teilnehmerinnen und Teilnehmer sich durch genau diese Eigenschaften auszeichnen.

Jörg Hacker

Meine Damen und Herren, ich wünsche uns allen zahlreiche interessante Anstöße für die Debatte um die Zukunft der deutschen Universitäten im globalen Wissenschaftssystem. Vielen Dank für Ihre Aufmerksamkeit!

>
> Prof. Dr. Dr. h. c. mult. Jörg HACKER
> Präsident
> Deutsche Akademie der Naturforscher Leopoldina –
> Nationale Akademie der Wissenschaften
> Jägerberg 1
> 06108 Halle (Saale)
> Bundesrepublik Deutschland
> Tel.:   +49 345 47239915
> Fax: +49 345 47239919
> E-Mail: joerg.hacker@leopoldina.org

Vorwort und Übersicht

Marita Hillmer und Katharina Al-Shamery ML (Oldenburg)

Zusammenfassung

Wie sieht die moderne Universität des 21. Jahrhunderts aus? Diese Fragestellung war im Rahmen des Symposiums mit dem Titel „Die Bedeutung von Bildung in einer Dienstleistungs- und Wissensgesellschaft" adressiert. Im Spannungsfeld des Bologna-Prozesses und der Exzellenzinitiative, die bereits starke Umbrüche in den deutschen Universitäten bewirkten und im Rahmen von vertikalen und funktionalen Differenzierungen die Voraussetzungen für die Entwicklung neuer Profile in Forschung und Lehre geschaffen haben, steht der Bildungsauftrag von Universitäten zur Diskussion.

Der tiefgreifende Veränderungsprozess von der Universität als Bildungsstätte einer kleinen Elite hin zur Öffnung der Hochschulen für fast jedes Gesellschaftsmitglied ist, bei gleichzeitiger explosionsartiger Zunahme der Komplexität einer global agierenden Gesellschaft, der Ausgangspunkt aktueller Entwicklungen im Hochschulsystem. Einem Diskurs zum Bildungsbegriff und der Neuinterpretation des klassischen Bildungsverständnisses folgten Überlegungen zu den Herausforderungen der Digitalisierung, als einem möglichen zukünftigen Hauptdreiber des Wandels im Bildungssystem sowie einem Gedankenaustausch über die Wissenschaftskultur und notwendige Freiräume für neue Lehr- und Lernformate. Des Weiteren wurden die Erwartungen an das Nachfolgeprogramm der Exzellenzinitiative erörtert, dessen strategische Ausrichtung bislang ausschließlich auf der Erhöhung der internationalen Sichtbarkeit der deutschen Forschungslandschaft und dem Zusammenspiel der universitären und außeruniversitären wissenschaftlichen Einrichtungen lag. Alternative Szenarien unter Einbeziehung der Lehre sowie neue Finanzierungsmodi wurden vorgestellt.

An den drei Panels und dem *Advisory Board* beteiligten sich ausgewiesene Expertinnen und Experten unterschiedlicher Disziplinen und Institutionen des Wissenschaftssystems. Die kompetenten Sichtweisen und Einschätzungen der Protagonisten haben eine Pluralität der Positionen befördert und dazu beigetragen, unterschiedliche Facetten der Schlüsselfragen zu beleuchten sowie Anregungen für die Weiterentwicklung und stärkere Ausdifferenzierung der Universitäten im 21. Jahrhundert zu geben.

Abstract

How does the modern University of the 21st century look like? This question was addressed within the context of the symposium entitled "The meaning of education within a service and knowledge society". Between the conflicting priorities of the Bologna Process and the Excellence Initiative, which already caused severe upheavals within the German universities and in the context of vertical and functional distinctions created the requirements for the development of new profiles within research and teaching, the educational mandate of the universities is up for discussions.

The profound process of change of the university as an educational establishment of a small elite towards the opening of the university for almost every member of society during contemporary explosively increase of the complexity of a globally operating society, is the basis of current developments within the higher education system. The discourse regarding the concept of education and a reinterpretation of the classical comprehension of education was followed by deliberations considering the challenges of the digitisation as a possible prospective influencing factor of the change within the educational system together with an exchange of ideas about the academic cultures and the necessary open spaces for lesson and learning formats. In addition expectations on the following programme of the

Marita Hillmer und Katharina Al-Shamery

Excellence Initiative were discussed, which strategic alignment so far was exclusively about the enhancement of the international visibility of the German research community and the interaction between university and non-university scientific institutions. Alternative scenarios including teachings as well as new financing modes were introduced.

Qualified experts varying disciplines and institutions of the scientific system engaged in the three panels and the advisory board. The capable perceptions and assessments of the protagonists promoted a plurality of the positions and helped to examine different facets of the key issues as well as furnish suggestions for the advancement of the Universities in the 21st century.

Die größte europäische Studienreform wurde 1999 in Bologna beschlossen und das Bachelor-Master-System inzwischen fast flächendeckend an den deutschen Hochschulen eingeführt. Neben den Befürwortern, insbesondere auf politischer Ebene, gab es von Beginn an immer wieder kritische Stimmen aus den Hochschulen. Ein sehr deutliches Signal der Unzufriedenheit waren die Proteste der Studierenden 2009, die in der Folge an vielen Hochschulen eine Überprüfung und Modifizierung der Studienorganisation auslösten. Waren diese Veränderungen ausreichend bzw. sind die Hochschulen inzwischen auf einem guten Weg? Aus Sicht der Studierenden offensichtlich nur bedingt, wie dem Bericht über die „Bildung in Deutschland 2014" zu entnehmen ist.[1] Eine Reform der Bologna-Reform fordern auch einige Wissenschaftlerinnen und Wissenschaftler, unter anderem Volker GERHARDT, der eine verhängnisvolle „Verwechslung von Vergleichbarkeit und Vereinheitlichung"[2] konstatiert. „Die deutschen Universitäten sollten sich endlich ein Beispiel an den europäischen Nachbarländern nehmen, die wesentlich gelassener mit den Reformvorgaben umgegangen sind."[3] „Bildung statt Bologna!" fordert Dieter LENZEN (2014), Präsident der Universität Hamburg. Der Titel der Publikation endet mit einem Ausrufezeichen, nicht mit einem Fragezeichen. In seiner Analyse kommt er zu dem Ergebnis, dass mit dem Bologna-Prozess das universitäre Geschehen von einem Bildungs- zu einem Erziehungsprozess umgestaltet wurde. „Die Universität ist von einer Bildungsstätte zu einer Erziehungsanstalt mutiert."[4] Brauchen wir demnach eine Rückbesinnung auf klassische Bildungsideale?

Ein Gespräch mit einem der Diskutanten des Symposiums, Albrecht VON MÜLLER, zum notwendigen Neudenken von Bildung vor dem Hintergrund der sich in virtuellen Welten bewegenden Jugend, sensibilisierte uns für eine weitere Dimension der Herausforderungen, die mit dem Megatrend zur Digitalisierung einhergeht. Die Technologieentwicklung schreitet rasant voran, und die Gesellschaft verändert sich inzwischen schneller, als eine Generation Hochschullehrender an der Universität ist. Ein Beispiel ist das Internet, das in den 1990er Jahren maßgeblich entwickelt wurde. Die sozialen Medien breiteten sich in den letzten zehn Jahren aus und prägen die Generation der Jugend heute, deren Wahrnehmung sich inzwischen so verschoben hat, dass sich wichtige Teile ihres Lebens in der virtuellen Realität abspielen. Was würde es für deutsche Hochschulen bedeuten, wenn künftige Generationen das globale Angebot von MOOCs (*massive open online courses*) aus dem Internet nutzen? Chancen und Risiken von Bildung im digitalen Zeitalter gilt es abzuwägen und mögliche, eventuell auch überraschende, Gemeinsamkeiten mit den Protagonisten einer klassischen Bildung zu entdecken.

---

1 *Autorengruppe Bildungsberichterstattung* 2014, S. 133.
2 GERHARDT 2014, S. 903.
3 Ebenda, S. 904.
4 LENZEN 2014, S. 96.

Im Dialog mit einem weiteren Experten, Holger BURCKHART, Rektor der Universität Siegen und im Vorstand der Hochschulrektorenkonferenz (HRK) verantwortlich für Lehre und Studium, Lehrerbildung und lebenslanges Lernen, kristallisierte sich die konkrete Fragestellung für diese Veranstaltung heraus. Auch die Mitglieder des *Advisory Boards* haben uns bei der inhaltlichen Vorbereitung der Veranstaltung tatkräftig unterstützt. Im Austausch mit ihnen ist der Aufbau der Podiumsdiskussion entstanden, die dieser Sammlung an Essays zugrunde liegt.

Die Frage nach dem Bildungsauftrag der Universität und der Bedeutung von Bildung in einer Dienstleistungs- und Wissensgesellschaft stand im Mittelpunkt des Symposiums. Für die Diskussion konnten viele namhafte Persönlichkeiten gewonnen werden, die das Thema aus unterschiedlichen Perspektiven und Disziplinen beleuchteten.

Begonnen haben wir im ersten Panel mit einem Diskurs des Bildungsbegriffs. Müssen wir uns auf die klassischen Bildungsideale besinnen oder Bildung im Kontext des technologischen Fortschritts vielmehr neu denken? Protagonisten dieser Gesprächsrunde waren Andrä WOLTER, Leiter der Abteilung Hochschulforschung an der Humboldt-Universität zu Berlin und Mitautor des nationalen Bildungsberichts, Albrecht VON MÜLLER, Direktor des *Parmenides Center for the Study of Thinking*, sowie Holger BURCKHART, Rektor der Universität Siegen und Vizepräsident der HRK.

Wie sieht die Universität des 21. Jahrhunderts vor dem Hintergrund der wachsenden und zunehmend heterogenen Studierendenschaft aus? Diese Fragestellung war Gegenstand des zweiten Panels mit Sabine DÖRING, Präsidentin der Hölderlin-Gesellschaft und Professorin an der Carl von Ossietzky-Universität Oldenburg, Ulrich RADTKE, Rektor der Universität Duisburg-Essen und stellvertretender Sprecher der Mitgliedergruppe Universitäten der HRK, sowie Ilka PARCHMANN, Vizepräsidentin für Lehramt, Wissenstransfer und Weiterbildung an der Universität zu Kiel.

Im dritten und letzten Panel lag der Fokus auf der Entwicklung der Hochschulen im Kontext des gesamten Wissenschaftssystems. Diese Diskussionsrunde wurde bestritten von Manfred PRENZEL, Vorsitzender des Wissenschaftsrats, Matthias KLEINER, Präsident der Leibniz-Gemeinschaft, E. Jürgen ZÖLLNER, Vorstandsmitglied der Stiftung Charité sowie der Einstein-Stiftung Berlin, sowie Wilhelm KRULL, Generalsekretär der VW-Stiftung.

Akademische Bildung: Work in Progress

Erstes Panel

Das Thema Bildung als Basis der neuen Wissensgesellschaft[5] genießt in den letzten Jahren zunehmend an Aufmerksamkeit, gemäß dem Gutachten 2014 der Expertenkommission Forschung und Innovation ist ein weltweiter „Strukturwandel zum Ausbau der Wissenswirtschaft zu beobachten".[6] Doch was ist mit Wissensgesellschaft gemeint und warum wird diese in Kombination mit Dienstleistungsgesellschaft genannt? Rudolf STICHWEH bietet eine soziologisch fundierte Definition des Begriffs Wissensgesellschaft mit drei Argumenten an: „Das erste ist das Moment der Produktion von Wissen. Der Begriff löst sich aus der Bindung an Vorstellungen über Tradition. Wissen ist in der Moderne etwas, das unablässig neu produziert wird. [...]. / Das

---

5 *Bundesministerium für Bildung und Forschung* 2014, S. 36.
6 *Expertenkommission Forschung und Innovation* 2014, S. 13.

zweite für die Wissensgesellschaft konstitutive Moment ist die funktionale Differenzierung in der Produktion von Wissen. […]. D. h. Gesellschaft besteht aus zunehmend autonomen Systemen für Recht, Erziehung, Wissenschaft, Wirtschaft, Politik und vieles andere –, und es verhält sich offensichtlich so, dass keines dieser Systeme – auch nicht die Wissenschaft oder die Universität oder die Religion – heute noch eine Vorrangstellung für die Produktion gesellschaftlich relevanten Wissens reklamieren kann. Darin unterscheiden wir uns radikal von der Gründungssituation der mittelalterlichen Universität, in der wissensbewusste Kleriker, […], behaupten konnten, mit der Universität entstehe eine dritte Universalmacht neben Kaiser und Papst."[7] Als drittes Moment wird die Inklusion genannt, d. h. „[…] der Umbruch zur Massenuniversität, zur potentiellen Studienfähigkeit fast eines jeden Gesellschaftsmitglieds, eine am Anfang des 20. Jahrhunderts ganz unwahrscheinlich scheinende, für jeden Europäer unerwartete Entwicklung […], die vermutlich auch heute nicht an ihr Ende gekommen ist."[8]

Die Generierung von Wissen verändert sich demnach im digitalen Zeitalter grundlegend. Qualitativ neues Wissen entsteht heute in hoch komplexen gesellschaftlichen Strukturen, und es besteht ein Bedarf, Wissen, inklusive akademischen Erkenntnissen, transparent und allgemein zugänglich zu machen, zumal parallel zu dem Trend zur wissensintensiven Industrieproduktion auch ein Trend zu wissensintensiven Dienstleistungen zu beobachten ist. Damit einhergehend entwickelt sich eine neue Rolle der Bürgerinnen und Bürger in dem etablierten Wissenschaftssystem. Bürgerforschung ist ein Thema, in dem die USA und Großbritannien offensichtlich Vorreiter sind und das neue Herausforderungen für die Wissenschaft und die Gesellschaft beinhaltet.[9]

Welche neuen Anforderungen leiten sich aus diesem Strukturwandel für eine Hochschulbildung, insbesondere universitäre Bildung im 21. Jahrhundert ab? Was gilt es zu bewahren, und was muss sich verändern? Zunächst kurz einige historische Meilensteine, bevor die gegenwärtigen Bedarfe in den Blick genommen werden. Mit dem Siegeszug des Rationalismus im 18. Jahrhundert begann der Wandel zur modernen Universität, insbesondere an den damaligen Reformuniversitäten Göttingen und Halle. Das 19. Jahrhundert wiederum stand unter den Zeichen der industriellen Revolution und den Hegemonialansprüchen der Kolonialmächte und beförderte die Ausdifferenzierung des Wissenschaftssystems. In dieser Zeit, so Sylvia PALETSCHEK in ihrem Artikel *Die Erfindung der Humboldtschen Universität. Die Konstruktion der deutschen Universitätsidee in der ersten Hälfte des 20. Jahrhunderts*, wurden den deutschen Universitäten drei Aufgaben zugewiesen: „Wissenschaftliche Berufsausbildung (insbesondere für den Staatsdienst), die Fortentwicklung der Wissenschaften sowie die Vermittlung von Allgemeinbildung."[10] Die Zielgruppe war eine kleine Gruppe männlicher Studenten, zumeist aus Führungseliten. 1910/20, also erst rund 100 Jahre nach der Gründung der ersten der drei Berliner Universitäten, der Humboldt-Universität, entstand ein neues Universitätsideal aus den Schriften HUMBOLDTS,[11] SCHLEIERMACHERS, FICHTES und STEFFENS. Dieses Ideal basiert auf der Verbindung von Forschung und Lehre, einer freien Wissenschaft um ihrer selbst willen sowie der Persönlichkeitsformung. Handelt es sich hier um allgemeingültige Merkmale, die, unabhängig von einem historischen Kontext, heute noch konstitutiv für die universitäre Bildung sind bzw. sein sollten?

---

7 STICHWEH 2007, S. 7f.
8 Ebenda.
9 *BMBF-Foresight-Zyklus II* 2014.
10 PALETSCHEK 2002, S. 184.
11 Vgl. HUMBOLDT (1793) 1995.

Andrä WOLTER ist skeptisch bezüglich eines überzeitlichen Bildungsideals und beschreibt in seinem Beitrag sowohl den Wandel des (Aus-)Bildungsauftrages als auch den Funktionswandel der Universität. Zugleich weist er auf einige Anknüpfungspunkte hin: Humanistisch orientierte Wertvorstellungen (Idee der Menschen- und Bürgerrechte), intellektuelle Neugierde, Notwendigkeit des überfachlichen Denkens und zivilgesellschaftliches Engagement. Damit ist das Spannungsverhältnis zum heute üblichen Studienalltag mit einer extremen Fachorientierung der Studiengänge und dem Primat der Beschäftigungsfähigkeit skizziert.

Albrecht VON MÜLLER plädierte auf dem Symposium für eine philosophische Neuformulierung des Bildungsbegriffs, da Bildung das Wirklichkeitsgeschehen in seinem Reichtum und Zusammenhang erschließen sollte und nicht mit Ausbildung gleichzusetzen ist. Ein Haupttreiber des Wandels des Bildungssystems ist die explosionsartige Zunahme zivilisatorischer Komplexität. Er prognostiziert, dass das Wissenschafts- und Bildungssystem sich in den nächsten 15 Jahren ähnlich grundlegend verändert wie die Musikindustrie durch den iPod. Deshalb ist es wichtig, Experimentierfelder zu schaffen für fundamental neue Formen akademischer Bildung, in denen neue Aufgabenverteilungen zwischen digitalisierten Lernformen und der persönlichen Begegnung von Studierenden mit der knappen Ressource einer Forscherpersönlichkeit erprobt werden können.

Der Beitrag von Holger BURCKHART stand unter dem Motto „Bildung mit Bologna!". Bologna ist demzufolge die angemessene Antwort auf eine strukturelle Veränderung der Hochschullandschaft, in der sich die Studierendenschaft, die interne Verfasstheit und die gesellschaftliche Verfasstheit hinter den Hochschulen grundsätzlich geändert hat. Die Stichworte „Verschulung" und „Berufsqualifizierung" beschreiben zwei große Akzeptanzprobleme der Bologna-Reform, denen sich die Hochschulen jedoch inzwischen kritisch angenommen haben. Hier gilt es, aus Fehlern zu lernen und bereits vorhandene Freiräume zu nutzen, zusätzliche Experimentierfreiräume zu schaffen, und den weiteren Ausbau des europäischen Hochschulraums als „Ermöglichungsraum" für Mobilität und Erfahrungsaustausch zu nutzen.

Ada PELLERT hat uns als Mitglied des *Advisory Boards* bei der Vorbereitung des Symposiums maßgeblich unterstützt und beleuchtet in ihrem Beitrag die Bologna-Reform aus der Perspektive des Lebenslangen Lernens. Sie kommt zu dem Ergebnis, das eine Differenzierung der Organisationsformen der Hochschulen sowie der Profile der Lehrenden vor dem Hintergrund der zunehmend heterogenen Studierenden sowie vielfältiger gesellschaftlicher Anspruchsgruppen notwendig ist.

Zweites Panel

Im Vordergrund stand die Frage, ob die heutige Hochschullandschaft die gegenwärtige moderne Wissenschaftsarchitektur noch abbildet. Vorab zunächst wieder eine kurze und sehr prägnante historische Rückblende, diesmal von Carsten VON WISSEL: „Humboldt steht für den deutschen Idealismus des 19. Jahrhunderts, Elite war ein virulenter Diskussionspunkt in den 1920er und den 1950er Jahren, Reform in den 1970er und in der zweiten Hälfte der 1990er Jahre. Die große Zeit des Redens über Autonomie waren die 1980er Jahre. Seit Mitte der 1990er Jahre ist Internationalität ein großes Thema im hochschulpolitischen Diskurs, Markt ist seit dem Jahr 2000 wichtiger und wichtiger geworden. Je weiter man in der Zeit fortschreitet, desto organisationsaffiner werden die Begriffe. Hochschulpolitische Probleme werden immer mehr zu

Organisationsproblemen."[12] Nach Einführung der Exzellenzinitiative und vor dem Hintergrund der ständig steigenden Studierendenzahlen veröffentlichte der Wissenschaftsrat Ende 2010 seine *Empfehlungen zur Differenzierung der Hochschulen*. Anknüpfend an die *Empfehlungen zu einer lehrorientierten Reform der Personalstruktur an Universitäten* aus dem Jahr 2007 rückt die funktionale Binnendifferenzierung, insbesondere der Universitäten, in den Fokus.[13] Das Thema wurde 2013 in den Empfehlungen zu den *Perspektiven des deutschen Wissenschaftssystems* wieder aufgenommen und in eine mehrdimensionale Analyse der Leistungsfähigkeit, diesmal des gesamten Wissenschaftssystems, integriert. Damit wird die Differenzierung für ein weiteres Experimentierfeld geöffnet. Neben speziellen Lehrprofessuren könnte es zukünftig innerhalb von Universitäten Lehrinstitute oder ganz neue Formate spezialisierter Lehruniversitäten geben. Dies setzt jedoch einen qualitativen Wandel der Wissenschaftskultur voraus, wie der Wissenschaftsrat betont: „Es bedarf aber auch eines kulturellen Wandels auf Seiten der Wissenschaft: Zum einen ist funktionale Differenzierung nur dann umsetzbar, wenn verschiedene Leistungsprofile auf vergleichbare Anerkennung stoßen. Deshalb muss das innerhalb der Wissenschaft geltende, für Institutionen wie für individuelle Karrieren maßgebliche Reputationssystem weiterentwickelt werden."[14] Bislang ist die Experimentierfreude der Universitäten auf diesem Gebiet eher verhalten und das Modell der TU München mit *Tenure-Track*-Professuren mit einem Schwerpunkt in der Lehre,[15] vermutlich nicht nur aus finanziellen Gründen, noch die Ausnahme. Otto Hüther untersuchte in seiner Dissertation *Von der Kollegialität zur Hierarchie?* (2010) aus organisationssoziologischer Sicht unter anderem Universitäten als Expertenorganisation bzw. als lose gekoppelte Organisation. „Die vermittelte Berufsethik ist eine der Grundlagen der Autonomie in den Arbeitsvollzügen des Professionals. Die Autonomie wird ihnen gewährt, weil sie im Laufe ihrer Ausbildung Wissen, Standards, Programme, Normen und Werte erlernt haben, die eine starke Eigenkontrolle der Arbeit ermöglichen […]. Neben Eigenkontrolle wirkt die Orientierung an den anderen Professionsmitgliedern ebenfalls als Kontrollinstanz […]."[16] Dies gilt gleichfalls für die einzelnen Disziplinen und Fächer, die sich aufgrund dieser Logik als Organisationseinheiten insgesamt primär an ihren spezifischen Normen und Werten ausrichten und nur eine „geringe Funktionskopplung" zur Institution Universität entwickeln.[17] Nicht die Binnenorganisation einer Universität, sondern die Außenkontakte sichern die Reputation einer Wissenschaftlerin/eines Wissenschaftlers. „Das Wissenschaftssystem ist grundsätzlich auf Reputationserwerb des einzelnen Wissenschaftlers hin ausgerichtet. Nur wenn Wissenschaftler es schaffen, ausreichend reputatives Kapital zu akkumulieren, können sie mit einer wissenschaftlichen Karriere rechnen […]. Die Akkumulation von Reputation ist demnach nicht innerhalb der Organisation Universität möglich, sondern nur durch die Wahrnehmung der Forschung in der jeweiligen Profession."[18] Wenn die Reputation bislang so stark von der Forschung geprägt wird, wie kann trotzdem die Wertschätzung der Lehre verbessert werden? Oder ist der vielleicht eher pragmatische Weg einer – wenn auch komplexen – Metamorphose das Ziel: Lehruniversitäten für die Massen und Forschungsuniversitäten für die Elite? Die Kommentare unserer Expertinnen und Experten beleuchteten unterschiedliche Facetten des Themas.

---

12 Von Wissel 2007, S. 85f.
13 *Wissenschaftsrat* 2011, S. 9.
14 *Wissenschaftsrat* 2013, S. 107.
15 Forschung:Lehre/1:2, vgl. *Technische Universität München* 2012, S. 6.
16 Hüther 2010, S. 139.
17 Ebenda, S. 132.
18 Ebenda, S. 169.

Die Leitidee von Sabine DOERING ist, traditionelle Formen des Lehrens und Lernens neu zu denken. „Unser gegenwärtiges Universitätssystem vermittelt oft den Eindruck an allen Standorten sei alles zugleich möglich, in der Forschung wie in der Lehre, für alle Studierenden." Vor dem Hintergrund der zunehmenden Vielfalt der Studierenden ist dies jedoch ein Ziel, von dem es sich zu verabschieden gilt. Differenzierung in der Lehre schafft die Voraussetzungen, unterschiedliche Bedürfnisse und Voraussetzungen von Studierenden angemessen zu berücksichtigen. Sie weist zudem darauf hin, dass nicht alle Studierenden dasselbe Maß an Forschungsorientierung wünschen und brauchen. Auch hier ist Differenzierung notwendig, und Lehrende benötigen zudem Freiräume und ausreichend Zeit zur Vorbereitung der unterschiedlichen Formate. Jedoch sind die tatsächlichen Lehrbedingungen häufig anders.

Das Statement von Ulrich RADTKE knüpfte an diesem Gedanken an. Sein Beitrag stand unter dem Motto: „Wie können wir an dem gesellschaftlichen Ideal wachsender Bildungsgerechtigkeit möglichst festhalten und gleichzeitig die Qualität in der Lehre sichern?" Die Universitäten werden sehr viel bunter, und der Übergang zwischen Bildung, Ausbildung, Weiterbildung sowie Lebenslangem Lernen wird fließender. Im Rahmen dieser horizontalen Differenzierung entstehen unterschiedliche Profile. Bei all den sich einstellenden thematischen Differenzierungen muss eine erfolgreiche Universität aber immer in der Lage sein, in mindestens zwei bis drei Fächern/Fakultäten/Clustern potenziell die besten Wissenschaftlerinnen und Wissenschaftler der Welt berufen zu können. Eine vertikale Differenzierung der Universitäten wird sich dann durch die unterschiedliche Anzahl von Spitzenforschungsfeldern herausbilden. Eine rein thematische Differenzierung ohne Spitzenforschung, die an international gültigen Qualitätskriterien zu messen ist, wäre das Ende der (Forschungs-)Universität. Die Stärke des deutschen Universitätssystems war (ist) es, dass in der Breite eine große Zahl von Universitäten existierte bzw. noch existiert, in dem jede von ihnen auf bestimmten Gebieten wissenschaftliche Exzellenz vorweisen konnte bzw. kann. Die Reduktion auf Wenige würde die Gesamtqualität der universitären Lehre und Forschung in Deutschland nachhaltig einschränken.

Für Ilka PARCHMANN ist die Verknüpfung von Forschung und Lehre bestimmend für den Charakter einer Professur, Lehrprofessuren genügen diesem Anspruch nicht. Eine wesentliche Motivationsquelle in der Forschung ist die Freude am steten in Frage stellen und Weiterentwickeln des heutigen Wissens, verbunden mit einem wissenschaftlichen Diskurs. Diese Begeisterung ist für und bei Studierenden in Lehrveranstaltungen nicht immer zu erkennen und zunehmend schwierig umzusetzen, wenn die Studierendenzahlen ebenso stetig steigen wie die Zahl der Prüfungen und Rahmenvorgaben. Ebenso fehlen an vielen Hochschulen Anreizsysteme zur Weiterentwicklung der Lehre, hier sind insbesondere die Führungsebenen der Universitäten gefordert. Hinzu kommt, dass es in der Lehre kaum vergleichbare wissenschaftliche Foren und Netzwerkstrukturen wie in der Forschung gibt. Benötigt werden neue Formate, um in der Gemeinschaft der Lehrenden und Lernenden voneinander zu lernen.

Julia GILLEN war ein weiteres Mitglied des *Advisory Boards*, die uns bei der Vorbereitung des Symposiums ebenfalls aktiv unterstützt hat. Sie beleuchtet in ihrem Beitrag die aktuellen Studienstrukturen und Veränderungstendenzen der Hochschullandschaft aus qualitativer wie quantitativer Sicht. Die vertikale Differenzierung im Rahmen der Exzellenzinitiative, eine wachsende Zahl an privaten Universitäten und neue Kooperationsformen zwischen Fachhochschulen und Universitäten skizzieren das Spektrum der Ausdifferenzierung der Hochschulprofile und sind zugleich die Basis zahlreicher neuer Studiengänge für eine zunehmend diverse Studierendenschaft. Eine Neuinterpretation des humanistischen Bildungsideals ist der Ausgangspunkt für eine kritische Reflexion des Bildungsauftrags von Universitäten im 21. Jahrhundert. Argumente aus der Berufs- und Wirtschaftspädagogik sowie des Deutschen Bildungsrats geben abschließend einen Einblick in den Diskurs über berufliche und allgemeine Bildung.

Für unser *Advisory Board* konnten wir zudem Uwe SCHIMANK gewinnen, der uns gleichfalls wichtige Anregungen zum Symposium gegeben hat. Skeptisch sieht er die vielzitierte Einheit von Forschung und Lehre als einen Mythos, der weder historisch zu Zeiten HUMBOLDTS noch unter den heutigen Studienbedingungen in Gänze praktizierbar war bzw. ist. In anderen europäischen Ländern mit getrennten Finanzierungssystemen für die beiden Kernaufgaben von Universitäten sind die Entkopplungstendenzen von Lehre und Forschung jedoch deutlich ausgeprägter, so z. B. in Großbritannien. Die Vision von einer Wissensgesellschaft und ihrer möglichen Bedarfe an zukünftigen Akademikerarbeitsplätzen wird gleichfalls einer kritischen Reflexion unterzogen. Notwendige Reformen finden zudem ihre engen Grenzen in der seit Jahren unzureichenden Grundfinanzierung der Hochschulen, und SCHIMANK prognostiziert, dass die Einhaltung der Schuldenbremse ab 2016 auch die Handlungsspielräume auf Bundesebene tangieren wird.

Drittes Panel

Hohe Studierendenzahlen, Exzellenzinitiative, fallendes Kooperationsverbot – die Entwicklungsperspektiven der Hochschulen im Kontext des gesamten Wissenschaftssystems – waren das Thema des dritten und letzten Panels.

Um den Wissenschaftsstandort Deutschland nachhaltig zu stärken und seine institutionelle Wettbewerbsfähigkeit zu verbessern, haben Bund und Länder 2005 die Exzellenzinitiative ins Leben gerufen. Diese neue Form der Differenzierung des deutschen Hochschulsystems wird nach wie vor kontrovers diskutiert. Peter STROHSCHNEIDER hat als Vorsitzender des Wissenschaftsrats (2006–2011) den damit einhergehenden ‚Humboldtianismus' kommentiert: „Die Grenze, an welcher die Ordnungs- und Legitimierungskraft des humboldtianistischen Einheits- und Homogenitätsmodells von Universität sich bricht oder neu formuliert werden muß, diese Grenze wird markiert von jenen grundsätzlichen Veränderungen der wissenschaftlich-technischen Zivilisation, die sich als Entstehungsprozeß globalisierter Wissenschaftsgesellschaften darstellen. Diese zivilisatorische Entwicklung steigert und vervielfältigt in ungekanntem Maße die quantitativen und qualitativen Anforderungen auch an die Institutionen der Produktion, Distribution und Reproduktion wissenschaftlichen Wissens: Die Disziplinen wandeln und differenzieren sich, und ihre Epistemologien auch, die Unterschiede zwischen den Kommunikationspraxen und Evaluationsroutinen, den Zeittakten und gesellschaftlichen Gestaltungsansprüchen der Fächergruppen verschärfen sich; Forschungsformen (samt ihren infrastrukturellen Voraussetzungen) verändern sich vielfach dramatisch hin zu oft betriebsförmigen, arbeitsteiligen, ja taylorisierten Prozessen der Wissensproduktion; die Studierendenschaft wird in vieler Hinsicht heterogener und die in ihr vertretenen Bildungs- und Ausbildungsansprüche disparater; und das Wissenschaftssystem expandiert in einer sich stetig beschleunigenden Weise, welche Quantitäten längst in Qualitäten umschlagen läßt."[19] Die Exzellenzinitiative ist auf eine Neupositionierung der Forschung des Wissenschaftsstandorts Deutschland im globalen Wettbewerb angelegt. „Es fehlen international sich vergleichen könnende Universitäten der Spitzenforschung."[20] Nach Einschätzung des Wissenschaftsrats

---

19 STROHSCHNEIDER 2008, S. 5f.
20 Ebenda, S. 11.

haben sich die Rahmenbedingungen der internationalen Wettbewerbsfähigkeit der Forschung vor dem Hintergrund der Globalisierung grundlegend verändert, sie ist „[…] nicht länger allein wissenschaftsgetrieben, sondern in wachsendem Maße auch politisch gewollt".[21]

Im internationalen Vergleich war das deutsche Wissenschaftssystem auch vor der Exzellenzinitiative bereits sehr ausdifferenziert. Neben außeruniversitären Forschungseinrichtungen wie Fraunhofer-Gesellschaft, Max-Planck-Gesellschaft, Helmholtz-Gemeinschaft und Leibniz-Gemeinschaft gab und gibt es auf der Seite der Hochschulen die traditionellen Universitäten sowie vielfältige Sonderformen (z. B. Medizinische Hochschulen, Technische Universitäten, Kunsthochschulen) und seit rund 50 Jahren zudem Fachhochschulen mit einem anwendungsorientierten Profil in Lehre und Forschung. Parallel zur Exzellenzinitiative haben Bund und Länder einen „Pakt für Forschung und Innovation" beschlossen, der zwischenzeitlich bis 2020 verlängert wurde. Beide Maßnahmen intendierten neue Formen des Wettbewerbs und der Kooperationen und sind auf einen Strukturwandel im Wissenschaftssystem angelegt. Während jedoch den außeruniversitären Forschungseinrichtungen ein jährlicher Aufwuchs der Zuschüsse von zurzeit 5 % (2011–2015) zugestanden wird, fehlen vergleichbare Regelungen der Grundfinanzierung im Hochschulbereich. Zudem erhöht das 2012 verabschiedete Wissenschaftsfreiheitsgesetz einseitig den Handlungsspielraum der außeruniversitären Forschungseinrichtungen durch neue Regeln im Finanz- und Personalbereich sowie für Beteiligungen und Bauvorhaben. Die Hochschulrektorenkonferenz hat wiederholt auf die Bedeutung der unterschiedlichen Finanzierungsmodalitäten von Hochschulen und außeruniversitären Forschungseinrichtungen hingewiesen und explizit eine Balance innerhalb des Wissenschaftssystems gefordert.[22] Vor diesem Hintergrund sind die föderalen Finanzierungsstrukturen von Bund und Ländern zunehmend in den Fokus gerückt. Im November 2014 beschloss der Bundestag eine Grundgesetzänderung zur Lockerung des Kooperationsverbots zwischen Bund und Ländern (Art. 91b, Abs. 1 GG). Damit wurden die Voraussetzungen geschaffen, dass sich der Bund zukünftig an der institutionellen Finanzierung der Hochschulen, inklusive der Lehre, beteiligen kann. Dies war bisher lediglich im Rahmen von Sonderprogrammen, wie dem Hochschulpakt, möglich, auf dessen Fortsetzung sich kurz zuvor (im Oktober 2014) die Gemeinsame Wissenschaftskonferenz verständigt hat. Ein weiterer wichtiger Meilenstein ist das ebenfalls Ende 2014 verabredete Verfahren über ein Nachfolgeprogramm der Exzellenzinitiative. Zunächst evaluiert eine internationale Expertengruppe die Ergebnisse des laufenden Programms, anschließend wird Mitte 2016 die Gemeinsame Wissenschaftskonferenz ein Konzept für eine neue Initiative vorlegen. Die Erwartungen an das Nachfolgeprogramm sind sehr hoch und das öffentlich diskutierte Themenspektrum sehr vielfältig, bis hin zu der Forderung nach einer grundlegenden Neuausrichtung. Neben der Förderung von exzellenter Forschung tritt jetzt die Forderung nach Erweiterung der Profilierungsmöglichkeiten durch Differenzierung in der Breite des gesamten Aufgabenspektrums von Universitäten und unter Einbeziehung der Fachhochschulen. Eine der großen Herausforderungen wird es sein, trotz ein- oder mehrdimensionaler Profilierung und Spezialisierung Strukturen zu etablieren, die helfen, das Wissenschaftssystem insgesamt auf die Herausforderungen des 21. Jahrhunderts vorzubereiten, sowie die Finanz- und autonomen Entscheidungsstrukturen der Hochschulen zu optimieren.

Manfred Prenzel wies darauf hin, dass aus einer Systemperspektive heraus Deutschland ein hochinteressantes differenziertes Wissenschaftssystem hat, das sich international nicht

---

21 *Wissenschaftsrat* 2010, S. 5.
22 *Hochschulrektorenkonferenz* 2013, S. 7.

zu verstecken braucht. Starke außeruniversitäre Forschungseinrichtungen und Universitäten sowie Fachhochschulen mit jeweils unterschiedlichen Aufgaben und Profilen sind prägende Charakteristika dieses Systems. Im Vergleich zu anderen Staaten weise das deutsche Hochschulsystem relativ wenig Varianz in der Qualität zwischen den Universitäten als Ganzes auf, innerhalb der einzelnen Einrichtungen gebe es jedoch zum Teil beträchtliche Unterschiede in der Qualität der Forschung wie der Lehre. Insbesondere werde der Lehre gegenüber der Forschung bis heute weniger Bedeutung zugemessen. Auch wenn die Lehre seit 2011 gezielte Unterstützungen etwa durch den Qualitätspakt Lehre erfahren hat, bestehe nach wie vor ein deutlicher Verbesserungsbedarf. Es gelte also die Strategiefähigkeit bezogen auf die Lehre zu verbessern. Die zu Beginn des Symposiums diskutierten digitalen Medien eröffnen neue Möglichkeiten in der Lehre und sind nach Auffassung Prenzels ein Beispiel dafür, dass mehr Initiativen für innovative Ansätze gestartet und entsprechende Mittel bereitgestellt werden sollten. Der Wissenschaftsrat hat in seinem Bericht über die *Perspektiven des deutschen Wissenschaftssystems* (2013) neben der Forschung als weitere Leistungsdimensionen Lehre, Transfer und Infrastrukturen in den Blick genommen und signalisiert, dass die zum Beispiel durch die Exzellenzinitiative bislang primär in der Forschung angestoßene positive Entwicklungsdynamik auch auf andere Leistungsdimensionen übertragen werden sollte. Im Übrigen empfehle das Perspektivenpapier eine verstärkte Profilbildung bezogen auf die verschiedenen Leistungsdimensionen und speziell für die Lehre auf der Ebene der einzelnen Institutionen. Damit wird insbesondere die Strategiefähigkeit und Governance der Einrichtungen angesprochen.

Der Beitrag von Matthias Kleiner knüpft an das Thema „Innovative Initiativen für die Lehre" an und stellt Bildung als eine – *de facto* – Gemeinschaftsaufgabe von Universitäten und der außeruniversitären Forschungsorganisation Leibniz-Gemeinschaft vor. Die Rolle der außeruniversitären Forschung im deutschen Wissenschaftssystem unterlag in den letzten zwanzig Jahren einem grundlegenden Wandel. Kooperationen zwischen außeruniversitären Forschungseinrichtungen und den Hochschulen haben kontinuierlich zugenommen und sind dabei deutlich intensiver und stetiger geworden. Die Leibniz-Gemeinschaft betreibt kooperative Wissenschaft – innerhalb der Gemeinschaft und auch mit externen Partnern – indes nicht nur disziplinär, sondern auch interdisziplinär. Die Forschungspraxis ihrer 89 Mitgliedseinrichtungen erstreckt sich über das gesamte Feld von Erkenntnisorientierung bis hin zur Anwendungsinspiration und betont dabei gerade das fruchtbare Wechselspiel dieser Facetten. So rückt das strukturelle Merkmal „außeruniversitäre Forschungseinrichtung" ein Stück weit in den Hintergrund und die besondere Forschungspraxis und Missionsorientierung in den Vordergrund und schafft Raum für die Vision „Leibniz-Institute in den Universitäten". Was heißt Bildung für die Leibniz-Gemeinschaft heute? Es gibt wohl keine andere außeruniversitäre Forschungsorganisation, die – über die Forschung hinaus – so intensiv an universitärer Bildung und Ausbildung beteiligt ist: Kaum eine Führungsposition ist nicht gemeinsam berufen, und zahlreiche Leibniz-Wissenschaftlerinnen und -Wissenschaftler sind in die Lehre eingebunden.

Jürgen E. Zöllner plädierte dafür, die Exzellenzinitiative auf Dauer zu stellen, und erinnerte an die Grundidee, durch Wettbewerb die 20 bis 30 Universitäten in Deutschland zu identifizieren, die in einem oder mehreren Wissenschaftsbereichen die Chance erhalten, international konkurrenzfähig zu sein und damit Profilbildung zu betreiben. Er empfiehlt jedoch, zukünftig nur ein Format zu wählen, anstelle von bislang drei, in dem Forschung in einem Wissenschaftsbereich und die Nachwuchsförderung in Graduiertenschulen unmittelbar verbindlich miteinander verknüpft sind. In diesem Modell werden nur Anträge gefördert, die beide Elemente bedienen. Vor dem Hintergrund der Verfassungsänderung könnte zudem auch die Lehre als ein weiterer Baustein integriert werden, indem Konzepte für eine vorbildliche Lehre in dem Fach, vom ersten Semester an, zum festen Bestandteil der Ausschreibung werden. Als Organisationsform bietet sich eine selbständige Universitätseinrichtung an mit einer eigenen Governance, als unabdingbare Voraussetzung. Entscheidungen müssen auf gleicher Augenhöhe zwischen den beteiligten Institutionen, also den außeruniversitären Forschungseinrichtungen und den universitären Entscheidungsträgern, erfolgen. Für eine Gleichwertigkeit von Forschung und Lehre müssten jedoch weitere Rahmenbedingungen verändert werden, insbesondere die Ressourcenallokation. Mit Ablauf des Hochschulpaktes werden Mittel frei, die gezielt in die Lehre investiert werden könnten. In dem vorgestellten Modell würde der Bund die Kosten für Studierende aus Entwicklungsländern übernehmen.[23] Die Hochschulen erhalten einen Anreiz für eine Qualitätsverbesserung der Lehre und auch eine Aufwertung der Lehre, weil Finanzmittel fließen.

Abschließend diskutiert Wilhelm KRULL in seinem Essay die Ziele der akademischen Bildung in der digitalisierten Wissensgesellschaft des 21. Jahrhunderts und beleuchtet die verschiedenen Themenschwerpunkte des Symposiums. Es ist ein Plädoyer, den Weg der Profilbildung weiter zu gehen und die inhaltliche Debatte der Hochschulen über das eigene Selbstverständnis neu zu beleben. In dem Panelbeitrag wurden darüber hinaus die finanzpolitischen Realitäten insbesondere im Infrastrukturbereich thematisiert. Die bekannten riesigen Rückstaus an Investitionen im Infrastrukturbereich übersteigen deutlich das Finanzvolumen der Exzellenzinitiative, und es ist dringend notwendig, im Rahmen einer konzertierten Aktion Lösungen zu finden. Nicht zuletzt mit Blick auf den internationalen Horizont erscheint es zudem geboten, die Art des Zusammenwirkens von Bund und Ländern völlig neu zu regeln, unter Wahrung der Autonomie der Institutionen. Allenthalben zu beobachtende Tendenzen, die in den letzten zehn bis fünfzehn Jahren eroberten Freiräume wieder zu begrenzen, sind kontraproduktiv. In Anbetracht der Veränderungsdynamik ist das Grundprinzip der Leistungsfähigkeit durch Eigenverantwortung als Leitlinie im Hochschulbereich weiter zu entwickeln. Das bedeutet zugleich, dass die Öffnung in Richtung Zivilgesellschaft viel stärker vorangetrieben werden sollte, zumal vor dem Hintergrund von Schuldenbremse und Eurokrise eine sehr viel engere Finanzkorridor-Entwicklung im Wissenschaftsbereich zu erwarten ist.

Die Beiträge des vorliegenden Tagungsbandes geben verschiedene Hinweise und Anregungen zum Bildungsauftrag von Universitäten in einer global vernetzten Welt im 21. Jahrhundert, die wertvoll für die weitere Profilbildung individueller Einrichtungen sein können. Die Neuregelung der föderalen Finanzierungsstrukturen und die dringend notwendige Verbesserung der Grundfinanzierung der Universitäten sollten als Chance von Bund und Ländern genutzt werden, die Strategiefähigkeit der Universitäten bezogen auf die Lehre deutlich zu verbessern. Es bleiben natürlich Fragen offen, z. B. wie die europäische Bildungsidee jenseits einer überspannten Standardisierung neu interpretiert werden kann. Eine grundlegende Frage ist überdies, wie sich der Diskurs über die Aufgaben der Hochschulen in einer zunehmend digitalen Wissensgesellschaft weiter entwickelt.

Für den intensiven Austausch möchten wir uns bei allen Beteiligten bedanken. Insbesondere auch bei Dr. Angela Borgwardt, die als Moderatorin die Diskussion sehr kompetent lenkte und im Rahmen der Conlusio nicht nur den Gesamtverlauf der Veranstaltung zusammenfasste, sondern den Teilnehmerinnen und Teilnehmern wichtige Denkanstöße mit auf den

---

23 Im Bundeshaushalt stehen nachrichtlich ca. 700 Millionen als Entwicklungshilfekosten.

Marita Hillmer und Katharina Al-Shamery

Weg gegeben hat. Für das Lektorat sei Herrn Dr. Michael Kaasch und seinem Team von der Redaktion *Nova Acta Leopoldina* herzlich gedankt.

Wir wünschen Ihnen viel Freude beim Lesen.

Literatur

Autorengruppe Bildungsberichterstattung: Bildung in Deutschland 2014. Bielefeld: W. Bertelsmann 2014
BMBF-Foresight-Zyklus II: Gesellschaftliche Entwicklungen 2014, Bd. 2. 2014
Bundesministerium für Bildung und Forschung (Hrsg.): Bundesbericht Forschung und Innovation 2014. Berlin 2014
Europäische Kommission: Mitteilung der Kommission an das Europäische Parlament, den Rat, den Europäischen Wirtschafts- und Sozialausschuss und den Ausschuss der Regionen. Wachstum und Beschäftigung unterstützen – eine Agenda für die Modernisierung von Europas Hochschulsystem (2011). http://ec.europa.eu/education/library/policy/modernisation_de.pdf (eingesehen am 22. 7. 2015)
Expertenkommission Forschung und Innovation (EFI): Gutachten zu Forschung, Innovation und technologischer Leistungsfähigkeit Deutschlands. Berlin 2014
Gerhardt, V.: Tätiger Widerspruch. Über die Bologna-Reform und ihre Folgen. Forschung & Lehre *21*, 902–904 (2014)
Hochschulrektorenkonferenz: Perspektiven des Wissenschaftssystems, Entschließung des 124. Senats der Hochschulrektorenkonferenz. Berlin 11. 6. 2013
  http://www.hrk.de/uploads/tx_szconvention/Entschliessung_Perspektiven_11062013.pdf (eingesehen am 4. 8. 2015)
Hüther, O.: Von der Kollegialität zur Hierarchie? Eine Analyse des New Managerialism in den Landeshochschulgesetzen. Wiesbaden: VS Verlag für Sozialwissenschaften, Springer Fachmedien 2010
Humboldt, W. von: Theorie der Bildung des Menschen (1793). In: Humboldt, W. von: Werke in fünf Bänden. Bd. *1*: Schriften zur Anthropologie und Geschichte. Hrsg. von A. Flitner und K. Giel. Darmstadt: Wissenschaftliche Buchgesellschaft 1995
Lenzen, D.: Bildung statt Bologna! Berlin: Ullstein Buchverlage 2014
Paletschek, S.: Die Erfindung der Humboldtschen Universität. Die Konstruktion der deutschen Universitätsidee in der ersten Hälfte des 20. Jahrhunderts. Zeitschrift Historische Anthropologie *10*, 183–205 (2002)
Stichweh, R.: Die Universität in der Wissensgesellschaft: Wissensbegriffe und Umweltbeziehungen der modernen Universität. 2007
  http://www.fiw.uni-bonn.de/demokratieforschung/personen/stichweh/pdfs/56_die-universitaet-in-der-wissensgesellschaft.pdf (eingesehen am 16. 7. 2015)
Strohschneider, P.: Über Voraussetzungen und Konzeption der Exzellenzinitiative. Köln, München: Wissenschaftsrat 2008
  http://www.wissenschaftsrat.de/download/Exzellenzinitiative__Analyse/Tutzing.pdf (eingesehen am 17. 7. 2015)
Technische Universität München: TUM Berufungs- und Karrieresystem. Statut zum Qualitätsmanagement, München 2012
  http://www.tum.de/die-tum/arbeiten-an-der-tum/berufungen/tum-faculty-tenure-track/ (eingesehen am 24. 7. 2015)
Wissel, C. von: Hochschule als Organisationsproblem. Neue Modi universitärer Selbstbeschreibung in Deutschland. Bielefeld: Transcript Verlag 2007
Wissenschaftsrat: Empfehlungen zu einer lehrorientierten Reform der Personalstruktur an Universitäten. Köln 2007
Wissenschaftsrat: Empfehlungen zur deutschen Wissenschaftspolitik im Europäischen Forschungsraum. Köln 2010
Wissenschaftsrat: Empfehlungen zur Differenzierung der Hochschulen. Köln 2011
Wissenschaftsrat: Perspektiven des deutschen Wissenschaftssystems. Köln 2013

    Marita Hillmer
    Carl von Ossietzky-Universität Oldenburg
    Geschäftsstelle des Präsidiums
    Ammerländer Heerstraße 114–118
    26129 Oldenburg
    Bundesrepublik Deutschland
    Tel.:   +49 441 7984060
    E-Mail: marita.hillmer@uni-oldenburg.de

    Prof. Dr. Katharina Al-Shamery
    Carl von Ossietzky-Universität Oldenburg
    Carl-von-Ossietzky-Straße 9-11
    26129 Oldenburg
    Bundesrepublik Deutschland
    Tel.:   +49 441 7983849
    Fax: +49 441 7983089
    E-Mail: Katharina.Al.Shamery@uni-oldenburg.de

1. Ein Diskurs zum Bildungsbegriff

Hochschulbildung vor neuen gesellschaftlichen Herausforderungen – Rückbesinnung auf die klassischen Bildungsideale oder Bildung neu denken?

Andrä Wolter (Berlin)

Zusammenfassung

Der Beitrag wirft zunächst die Frage nach dem Begriff „klassische Bildungsideale" auf. Im historischen Rückblick auf die verschiedenen Strömungen des deutschen Bildungsidealismus im späten 18. und frühen 19. Jahrhundert wird die Ambivalenz des „klassischen" Bildungsverständnisses aufgezeigt. Die damals formulierten Bildungsvorstellungen enthalten in ihrem Ansatz, Bildung als allgemeines Menschenrecht und als Projekt individueller Selbstentfaltung zu sehen, durchaus noch aktuelle Anknüpfungspunkte, während viele andere Ansätze wie die weitgehende Ausklammerung der Naturwissenschaften, der modernen Fremdsprachen oder die Abgrenzung von der beruflichen Bildung heute obsolet sind. Wenn man der Frage nach der heutigen Bedeutung der „klassischen" Bildungsvorstellungen für die akademische Bildung nachgeht, muss man sich des tiefgreifenden Funktionswandels der Universität insbesondere nach dem Zweiten Weltkrieg vergewissern. Teil dieses Wandels ist in den letzten Jahren die schleichende Verdrängung des Bildungsauftrags der Universität durch das Konzept der Beschäftigungsfähigkeit gewesen. Der Beitrag beleuchtet die mit diesem Konzept verbundenen Engführungen kritisch, insbesondere die Bereitschaft der Hochschulen, dieses Konzept zu übernehmen, obgleich sie die damit verbundenen Versprechen (z. B. nach dem Studienabschluss Beschäftigung zu finden) strukturell gar nicht einlösen können. Abschließend entwickelt der Beitrag mit dem Konzept der professionellen Handlungskompetenz eine Perspektive, die Aufgaben des Studiums und den Auftrag der Universität bildungstheoretisch neu zu denken.

Abstract

This article questions the term "traditional educational ideal". An historical look back at various currents of German education idealism in the late 18th and early 19th centuries uncovers the ambivalence of the "traditional" understanding of education. Educational concepts formulated at the time approach education in a relatively modern way, regarding it as a universal human right and a project of individual self-fulfilment. At the same time, many other concepts are now obsolete, such as the broad exclusion of the natural sciences and modern foreign languages, and a distancing from vocational education. When examining the question of the significance of "traditional" educational concepts for academic education today, the profound functional transformation of the university, especially after the Second World War, cannot be disregarded. A part of this transformation in recent years has been the quiet displacement of the university's educational mission by the concept of employability. This article critically highlights the constrictions connected with this concept, in particular the readiness of the universities to adopt this concept regardless of the fact that they are structurally unable to fulfil the promises that go along with it (e.g. finding employment after graduation). The article finishes by developing a perspective with the concept of a professional capacity to act, in which the responsibilities of higher education and the mission of the university are redesigned using the principles of educational theory.

1. Klassische Bildungsideale – was ist damit gemeint?

Ausgangspunkt der folgenden Ausführungen ist die dem Autor gestellte Frage, ob eine Rückbesinnung auf die klassischen Bildungsideale erforderlich oder Bildung eher im Kontext der technologischen Entwicklung neu zu denken sei. Diese zunächst bildungsbereichsübergreifende, keineswegs allein auf akademische Bildung zielende Frage soll hier primär im Kontext von Hochschulbildung und Hochschulentwicklung diskutiert werden. Erforderlich wäre es zunächst, sich darüber zu verständigen, was mit der Formulierung „klassische Bildungsideale", vor allem mit dem Adjektiv „klassisch", gemeint ist. In einer historischen Rekonstruktion hat „klassisch" eine doppelte Bedeutung: Der Begriff bezieht sich zeitlich auf die gleichsam klassische Phase der deutschen Bildungsphilosophie im ausgehenden 18. und beginnenden 19. Jahrhundert; und er bezieht sich inhaltlich auf die in dieser Zeit formulierte Bildungsvorstellung, die mit einer Rückbesinnung auf die „klassische" Antike, ihr Menschenbild und Kulturverständnis, ihre Sprache und Literatur verknüpft ist.

Auch wenn es sich durchaus um eine übernationale Bewegung handelte, wären die Bildungsvorstellungen, die der deutsche Bildungsidealismus am Ausgang des 18. bzw. Beginn des 19. Jahrhunderts entwickelt hat, der historische Referenzpunkt für die „klassischen Bildungsideale". Unter dem Begriff des deutschen Bildungsidealismus[1] werden die verschiedenen nicht-utilitaristischen bildungsphilosophischen bzw. bildungstheoretischen Strömungen in diesem Zeitraum zusammengefasst, die – fußend auf den neuen Ideen von persönlicher Autonomie und individueller Freiheit – Bildung als das zentrale Medium individueller Persönlichkeitsentwicklung auffassten. Auch wenn zwischen den Repräsentanten des deutschen Bildungsidealismus – in der Spannweite von Herder bis zu den Romantikern – unterschiedliche Versionen des neuen Bildungskonzepts zu finden sind, so ziehen sich einige weitgehend gemeinsame Grundgedanken durch ihre Ideenwelt: die Fokussierung auf das individuelle Subjekt, Subjektwerdung im Medium der Bildung, die enge Verknüpfung von Bildung, Ästhetik und Kultur, die Skepsis gegenüber Vorstellungen von Nützlichkeit, auch Gemeinnützigkeit, die Rückbesinnung auf die griechische Antike als Modell des Humanen („Neuhumanismus").[2] Die Idee der Bildung als harmonische Selbstentfaltung, als sich zweckfrei im Medium von Kultur, Sprache, Literatur, Kunst und Wissenschaft, durch geistige Reflexion bildende Individualität – das wurde zum Inbegriff und Kern der „klassischen" Bildungsvorstellung.

Eine Rückbesinnung auf diese Bildungsvorstellungen stellt sich durchaus ambivalent dar. Auf der einen Seite sind die „klassischen Bildungsideale" ein Teil der antiständischen gesellschaftlichen Modernisierungsbewegung gewesen – Bildung als allgemeine Menschenbildung, als Menschenrecht, die Idee einer autonomen Person als Gegenbild zur altständischen, vorindustriellen Welt – und haben darin eine bleibende historische Bedeutung. Individuelle Bildung und allgemeine Menschenbildung waren historische Gegenentwürfe zur ständischen Traditionslenkung, zu einer geburtsständischen Sozialordnung, einem ständisch differenzierten Erziehungsverständnis und einer entsprechend strukturierten Erziehungswelt. Auf der anderen Seite muss man sich vor Augen halten, dass mit den sogenannten klassischen Bildungsidealen zahlreiche Prinzipien verknüpft waren, die für die postmoderne gesellschaftliche Entwicklung des 21. Jahrhunderts keine Leitlinie mehr bieten. Das gilt zum Beispiel für solche Komponenten der klassischen Bildungsvorstellungen wie

– die Fixierung auf die alten Sprachen und die geringe Relevanz der modernen Fremdsprachen;
– das insgesamt dominierende Verständnis von Bildung als sprachlich-literarische Bildung;
– die Distanz zu naturwissenschaftlicher Bildung (erst recht technischer Bildung), mit gewissen Einschränkungen bei der Mathematik;

---

1 Vgl. hierzu Strzelewicz 1966; 1979, S. 88ff.
2 Vgl. neben vielen anderen Blankertz 1982, S. 89ff.; Bollenbeck 1994.

- ein eher auf innere Persönlichkeitsformung („Innerlichkeit") zielendes Bildungsverständnis, das sich zum Teil bewusst von den konkreten lebensweltlichen Anforderungen absetzte;
- eine starke nationale Komponente, die über ein positives Verhältnis zur Antike hinaus noch über keine explizite Vorstellung von Internationalität oder gar Globalität von Bildung verfügte;
- eine klare Segmentierung und Hierarchisierung zwischen allgemeiner und beruflicher Bildung; die Sphären von Arbeit und Beruf waren eher eine Negativfolie als ein positiver Anknüpfungspunkt für die klassischen Bildungsvorstellungen.

Was die curriculare Umsetzung dieser Bildungsvorstellungen betrifft, so sehe man sich die Lehrpläne eines preußischen Gymnasiums im 19. Jahrhundert an, hier aus den Jahren 1856 und 1882: 8–10 Stunden für Latein, 6–7 für Griechisch, 2–5 für Französisch, keine für Englisch, 2–3 für Deutsch, 2 Stunden für Naturwissenschaften, genau so viel für Religion.[3] Man muss sehen, dass in der Zeit, in der die sogenannten klassischen Bildungsideale für Gymnasium und Universität formuliert wurden, die Universität noch eine Vier-Fakultäten-Universität ohne Ingenieurwissenschaften, Wirtschaftswissenschaften (mit Ausnahme der Kameralistik) und weiterer großer Teile des heutigen Wissenschaftsspektrums war und selbst die Naturwissenschaften in der Traditionslinie der *septem artes liberales* noch einen Teil der Philosophischen Fakultät bildeten. In sozialstruktureller Perspektive waren die klassischen Bildungsideale auf eine kleine Minderheit der (männlichen) Jugend bezogen und weit davon entfernt, ein Bildungsideal auch nur für die Mehrheit der Jugend oder gar der Bevölkerung darzustellen, auch wenn sie theoretisch so gedacht waren. Universitäre Bildung war primär auf den Eintritt in den Staats- und Kirchendienst oder auf ganz wenige sogenannte freie Berufe bezogen. Ein nicht-staatlicher Arbeitsmarkt für Hochschulabsolventen war bestenfalls gerade erst im Entstehen begriffen.

Willy STRZELEWICZ hat prägnant die ambivalenten Grundzüge des deutschen Bildungsidealismus[4] zusammengefasst: einerseits als Ausdruck einer gesellschaftlich-kulturellen Modernisierungsbewegung – Bildung als neue Leitlinie der Vergesellschaftung, gegen die traditionsgelenkte ständische Lebensführung gerichtet; andererseits als „expressives Symbol der Kompensation einer sozialhistorischen Frustration" seiner gesellschaftlichen Träger, des (Bildungs-)Bürgertums, angesichts seiner politischen Marginalisierung. Danach hat der Bildungsidealismus sein „Zentrum im besonders entwickelten Ideal der harmonisch allseitig entfalteten Persönlichkeit in ihrer sittlich-ästhetischen Gestalt mit dem Akzent auf der Innerlichkeit und der distanzierenden Abkehr oder Abstandnahme von Gesellschaft, Politik und Reformen, mit Orientierung am verklärten Bild einer der Geschichte enthobenen Griechenwelt als dem Modell vollendeten Menschentums", unter „Trennung zwischen höherer und zweckfreier Bildung auf der einen und der beruflichen Ausbildung auf der anderen Seite", gipfelnd in der „Verklärung der Individualisierung gesellschaftlicher Existenz zur gesellschaftlich exterritorialen Personalität".[5]

Die zum Teil bis heute anhaltende Prominenz der Ideen des deutschen Bildungsidealismus erklärt sich auch daraus, dass einige ihrer Vertreter in ihrer Zeit zu den herausragenden bildungs- und hochschulpolitischen Akteuren gehörten (NIETHAMMER und Wilhelm VON HUMBOLDT als Politiker; FICHTE und SCHLEIERMACHER als Rektoren), mehr noch aber, dass

---

3 LUNDGREEN 1980, S. 74f.
4 STRZELEWICZ 1979, S. 92f., 96.
5 STRZELEWICZ 1966, S. 11.

der Bildungsidealismus in den folgenden Jahrzehnten zur wichtigsten Legitimationsfigur der deutschen Gymnasial- und Universitätsentwicklung geriet. Insofern kann man sagen, dass die Bildungsvorstellungen des deutschen Bildungsidealismus ihre historischen Verdienste, ihre „genuine Funktion" in der Proklamierung von Bildung als individuelles Menschenrecht und in der Offenlegung der „Differenz von Ideal und Wirklichkeit, von gesellschaftlicher Realität und anthropologischer Möglichkeit" gehabt haben.[6] Mit Blick auf den historischen Kontext gibt es aber kaum Anknüpfungspunkte einer zeitgenössischen Idee akademischer Bildung an die klassischen Bildungsideale. Allenfalls lassen sich in einer kontrafaktischen, historisch-kritischen Reflexion dem Bildungsverständnis des deutschen Bildungsidealismus einige noch aktuelle Anforderungen abgewinnen.[7]

2. Referenzkonzepte für den (Aus-)Bildungsauftrag der Universität

In der historischen Entwicklung der Universität in Deutschland von ihren Anfängen in der alteuropäischen Universität bis heute lassen sich in unterschiedlichen Abfolgen und Verbindungen fünf zentrale Referenzkonzepte für den Bildungsauftrag der Universität identifizieren:

- *Stand und Elite*: Diesen Bezugspunkt gibt es grundsätzlich in zwei Varianten – als soziale Statuszugehörigkeit zu einem herausgehobenen Stand und in einer mehr funktionalen Bedeutung als Funktionselite für bestimmte gesellschaftliche Funktionsbereiche. Die ständische Variante, die Konstitution eines gelehrten Standes durch die Universität als Genossenschaft, ist die historisch älteste, sie stand bereits am Anfang der europäischen Universitätsentwicklung.
- *Persönlichkeit*: Die Idee akademischer Persönlichkeitsbildung, bei der die „bildende" Begegnung des Individuums mit Wissenschaft im Mittelpunkt steht; dies ist ohne Zweifel die nachhaltigste Selbstlegitimationsfigur der deutschen Universität, die sich durchaus auch in ausländischen Hochschulmodellen findet.
- *Forschung*: Die Idee der forschungsbasierten Ausbildung des wissenschaftlichen Nachwuchses primär für den Eigenbedarf des Wissenschaftssystems. Bis in die Zeit der Hochschulexpansion hinein hielt sich die selbstreferentielle Vorstellung, die auch heute noch unter Professorinnen und Professoren verbreitet ist, die Universität habe primär den wissenschaftlichen Nachwuchs auszubilden.
- *Fachdisziplin*: Die Idee der Ausbildung eines fachbezogenen Habitus (Wissen, Kompetenzen, Methoden, Überzeugungen, Denkformen) im Kontext der jeweiligen wissenschaftlichen Disziplin. Diese Referenz steht am stärksten in Wechselbeziehung zu den anderen Leitmotiven.
- *Beruf und Qualifikation*: Die Idee wissenschaftsbasierter Qualifizierung für berufliche Tätigkeiten primär außerhalb der Wissenschaft, „passfähig" zu den Anforderungen von Arbeitsmarkt und Beschäftigung. Hier schließt auch die jüngste Volte in der ewig jungen Debatte um den Praxisbezug des Studiums, das Konzept der *Employability*, an.[8]

---

6 TENORTH 1988, S. 126.
7 Siehe dazu Abschnitt 5.
8 BANSCHERUS und WOLTER 2012; siehe dazu Abschnitt 4.

Diese unterschiedlichen Referenzpunkte für die Definition des (Aus-)Bildungsauftrages der Universität entstammen unterschiedlichen zeitlichen Schichten und haben sich zum Teil unabhängig voneinander, zum Teil mit fließenden Übergängen und Querverbindungen entwickelt. Sie treten nicht nur zu unterschiedlichen Zeitpunkten und in wechselnden Verknüpfungen auf, sondern haben ihre Semantik auch historisch erheblich verändert. So stellte sich die berufliche Vorbereitungsfunktion im frühen 19. Jahrhundert, bei einer nahezu vollständigen Ausrichtung der Universität auf den höheren Staatsdienst, anders dar als in der Gegenwart, in der trotz einer mit einem Anteil von ca. 35–45 % immer noch hohen Bedeutung des Arbeitsmarktsegments „öffentlicher Dienst und semi-öffentliche Tätigkeitsfelder" die Mehrzahl der Hochschulabsolventinnen und Hochschulabsolventen in nicht-öffentliche Beschäftigungsfelder einmündet.

Für das Selbstbild und die Legitimation der neuzeitlichen deutschen Universität ist der seit dem Ausgang des 18. Jahrhunderts bis heute geführte akademische Diskurs über die Idee der deutschen Universität von herausragender Bedeutung gewesen, auch deswegen, weil dieser Diskurs eng mit dem sogenannten klassischen Bildungsideal verbunden ist.[9] Nicht für alle Teilnehmerinnen und Teilnehmer an diesem Diskurs, aber doch insbesondere für diejenigen, die sich selbst in der Tradition des Bildungs- oder Universitätsidealismus sehen (wie Karl JASPERS oder Helmut SCHELSKY), war die Vorstellung einer Institutionalisierung der Universität von einer tragenden Idee her maßgeblich, während Sozialwissenschaftlerinnen und Sozialwissenschaftler ja eher dazu tendieren, Entstehung und Wandel gesellschaftlicher Institutionen im Kontext veränderter gesellschaftlicher Anforderungen, Erwartungen und Funktionszusammenhänge zu verstehen.

Im Mittelpunkt des unter dem Topos „Idee der deutschen Universität" geführten Diskurses stand (bzw. steht) neben einigen anderen Grundsätzen das Leitmotiv zweckfreier Persönlichkeitsbildung im Medium der Wissenschaft, mit der Philosophischen Fakultät als gleichsam einheitsstiftender Institution im Zentrum. Der „Glaube an die Verschwisterung von Wissenschaft und Bildung",[10] der bei allen subtilen Unterschieden im Detail doch so etwas wie eine Grundüberzeugung der Zeit darstellte, war mit einer ausgeprägten Distanz gegenüber der beruflichen Qualifizierungsfunktion eines wissenschaftlichen Studiums verbunden, die zwar nicht grundsätzlich abgelehnt, der aber doch insofern keine operative Funktion zugesprochen wird, als die Aufgabe der Berufsvorbereitung am besten durch eine reflexive Distanzierung von der Praxis erfüllt werden kann. Friedrich SCHILLERS feinsinnige Unterscheidung zwischen den „philosophischen Köpfen" und den „Brotgelehrten" bringt diese Entfremdung deutlich zum Ausdruck. Die Wendung gegen eine spezialisierte berufliche Ausbildung, mit der klaren institutionellen Trennung zwischen höherer Allgemeinbildung im Gymnasium und auf der Universität und pragmatischer Berufsausbildung, war eher eine „Art von ideologischer Verhüllung für eine besondere Berufsausbildung ständisch elitärer Privilegierung",[11] da die staatsnahe akademische Qualifizierung nie in die Berufsausbildung eingeschlossen war und die Universität als Institution der „Elitenkonstruktion"[12] diente.

Gegenüber der bildenden Funktion des Studiums tritt auch dessen Funktion der fachlichen Kompetenzvermittlung hinter die Selbstkonstruktion des Subjekts durch philosophische Reflexion zurück. Heinz-Elmar TENORTH (2010a) hat zutreffend von „Bildung als Transzendie-

---

9 Die Quellentexte dazu finden sich in SPRANGER 1910, ANRICH 1960, MÜLLER 1990; vgl. dazu u. a. auch JASPERS 1946, SCHELSKY 1963, HABERMAS 1986, MITTELSTRASS 1994, KOPETZ 2002, RICKEN et al. 2014.
10 LANGEWIESCHE 2007, S. 89.
11 STRZELEWICZ 1966, S. 35.
12 TENORTH 2010a, S. 122.

rung von Fachlichkeit als Aufgabe universitärer Studien" gesprochen, man könnte hinzufügen: auch als Transzendierung von Beruflichkeit. Bildung als Formung der Persönlichkeit durch die Universität, diese Überzeugung gehörte zur Identität der Universität und der Professorenschaft im 19. Jahrhundert bis weit in das 20. Jahrhundert hinein. Historisch hat diese Idee für die Hochschulentwicklung im 19. Jahrhundert aber gar nicht die besondere Bedeutung gewonnen, die ihr immer wieder zugeschrieben wird. Sie war zum Teil nicht einmal bekannt, auch nicht als eine Art Reformprogramm der deutschen Universität. Humboldts vielzitierte Denkschrift zur Gründung der Berliner Universität war im 19. Jahrhundert weitgehend unbekannt. Erst im 20. Jahrhundert, zum Teil erst in der Bundesrepublik avancierte das Modell der klassischen deutschen Universität zu einer identitäts- und kontinuitätsstiftenden Konstruktion mit einer ausgeprägten Legitimationsfunktion.[13] Individuelle Bildung im Medium der Wissenschaft zu einer selbständigen und sittlich handelnden Persönlichkeit wurde zeitlich erst deutlich nach Wilhelm von Humboldt zu einer Leitvorstellung der Universität – in wachsendem Kontrast zur historischen Realität von Lehren und Lernen in der Hochschule.

Dieser Diskurs hat die Metadiskussion über die deutsche Universität weit nachhaltiger bestimmt als die tatsächliche Hochschulentwicklung im 19. und 20. Jahrhundert, auch nicht die verschiedenen Wellen der Hochschulreformen. Das Modell der deutschen Universität, wie es von Humboldt, Schleiermacher u. a. in seinen Konturen entworfen wurde, ist – jedenfalls Humboldt betreffend – erst eine „Erfindung des frühen 20. Jahrhunderts"[14] und erfüllt mehr die Funktion eines „Mythos" (Ash 1999) als eines handlungs- und reformleitenden Masterplans. Dieser Diskurs weist zwar eine eigene „Logik" auf, indem er nach Sinn, Bedeutung und Bildungsauftrag der Universität fragt (Ricken 2014), die jedoch weit abgehoben ist von den tatsächlichen Dynamiken der Hochschulentwicklung, die von ganz anderen Determinanten bestimmt wurden (und werden). Über weite Strecken handelte es sich bei der Idee akademischer Bildung um eine rhetorische Figur mit stark fiktionalem Charakter, die der institutionellen Selbstlegitimation diente und weniger als operatives Organisationsziel. Diese Idee taugte aber immer wieder zur Kritik und Abwehr von Studienreformkonzepten, welche die berufliche Qualifizierungsfunktion des Studiums verstärken wollten. Keine der sich seit dem 19. Jahrhundert durch das deutsche Hochschulsystem ziehenden Hochschulreformwellen ist maßgeblich oder auch nur marginal von dieser Debatte bzw. Idee beeinflusst worden. Eher könnte man umgekehrt formulieren: Die Hochschulreformen der letzten fünf Jahrzehnte zeichnen sich dadurch aus, dass hinter ihnen keine überzeugende theoretisch begründete „Idee" der deutschen Universität steht – weder eine die Institution übergreifende Idee noch eine Vorstellung, was Bildung in der Universität heute heißen könnte.

3. Funktionswandel der Hochschule:
Von der akademischen Persönlichkeitsbildung zur Beschäftigungsfähigkeit

Mit dem Bologna-Prozess hat sich das Ziel der Beschäftigungsfähigkeit in den Vordergrund geschoben, als ein zentrales, in vielen Dokumenten sogar als das wichtigste Studienziel. Die Prominenz dieser Zielbestimmung, ungeachtet ihrer begrifflichen Unschärfe (dazu später mehr), signalisiert, dass die Institution Hochschule einem tiefgreifenden gesellschaftlichen Funktionswandel unterworfen ist, der sich auf fünf Ebenen vollzieht.

---

13 Paletschek 2001, 2002, Langewiesche 2010, 2011, Tenorth 2010b, 2015.
14 Paletschek 2002, S. 184.

– *Wachsende Vergesellschaftung der Hochschule*: Damit ist die zunehmende Einbindung der Hochschule in gesellschaftliche Funktionszusammenhänge, in die ökonomische, technologische Entwicklung ebenso wie in die staatliche Regulierung gesellschaftlicher Entwicklungen gemeint. Die Produktion und Distribution wissenschaftlichen Wissens vollzieht sich zunehmend nicht mehr der Eigenlogik wissenschaftlicher Erkenntnis, sondern der externen Logik gesellschaftlicher Interessen und Verwendungskontexte folgend. Helmuth Plessner (1924) hat bereits vor mehr als 90 Jahren diese Funktion der Universität und der Wissenschaften als „wissenschaftliche Rationalisierung der sozialen Lebenswelt" bezeichnet. Hochschule und Wissenschaft sind zentrale Produktivkräfte der ökonomischen, kulturellen und sozialen Entwicklung geworden. Mehr und mehr wird die Universität zu einer Institution, welche die „Rationalisierung" der Gesellschaft vorantreibt – in dem Sinne: Verfügung über rationales Wissen mit dem Ziel der Steigerung der Effektivität von Naturbeherrschung, technologischen und gesellschaftlichen Prozessen. Die Hochschule nimmt immer stärker den Charakter einer gesellschaftlichen Dienstleistungseinrichtung an, die einer Art Rechenschaftspflicht („accountability") gegenüber ihren Trägern und der Gesellschaft unterworfen ist.

– *Expansion der Nachfrage nach und der Beteiligung an Hochschulbildung*: Weltweit vollzieht sich eine massive Ausweitung der Beteiligung an Hochschulbildung, so dass die Hochschule inzwischen in vielen Ländern, am deutlichsten in den postindustriellen Gesellschaften, auf dem Wege ist, zur wichtigsten volkswirtschaftlichen Qualifizierungseinrichtung zu werden – und sie ist dieses, gemessen an den Beteiligungsquoten, in vielen Ländern bereits geworden. Auch wenn in Deutschland die Beteiligung an Hochschulbildung noch unter dem OECD-Durchschnitt liegt, u. a. wegen des hier vorhandenen Angebots betrieblicher und schulischer Berufsausbildung, so zeichnet sich doch auch in Deutschland derselbe Grundtrend ab.[15] Eine der größten aktuellen und zukünftigen Herausforderungen der Hochschulentwicklung liegt in der anhaltenden Expansion der Beteiligung an Hochschulbildung und der damit verbundenen „Heterogenisierung" in der Zusammensetzung der Studierenden. Langfristig muss sich das deutsche Hochschulsystem darauf einstellen, dass etwa die Hälfte einer Alterskohorte ihre berufliche Qualifikation im Hochschulsystem erwirbt.

– *Professionalisierung der Gesellschaft*: Mit der Ausweitung der Beteiligung an Hochschulbildung geht einher, dass die Hochschule zur zentralen Qualifizierungseinrichtung einer Professionsgesellschaft wird, in der kontinuierlich weiter zunehmende Tätigkeitsfelder im Beschäftigungssystem eine wissens- bzw. wissenschaftsbasierte Qualifikation und ein Hochschulzertifikat voraussetzen. Nicht nur expandiert das Arbeitsmarktsegment hochschulqualifizierter Arbeit insbesondere durch die Ausweitung humankapitalintensiver Dienstleistungen, sondern wissenschaftliches Wissen und entsprechende Kompetenzen werden auch in immer mehr Berufen und Tätigkeiten erforderlich, die traditionell keine akademische Qualifikation voraussetzen. Die herkömmliche Segmentierung zwischen beruflicher und akademischer Bildung (Baethge und Wolter 2015) löst sich zunehmend auf, die Differenzierungslinien werden fließend, u. a. weil traditionell an Hochschulbildung gebundene analytische, (selbst)reflexive, auf theoretischem Wissen und wissenschaftlichen Methoden basierende Kompetenzen auch solche Berufe durchdringen, die nicht an Hochschulabschlüsse gebunden sind.

---

15 Wolter 2014a, Wolter und Kerst 2015.

Andrä Wolter

– *Diversifizierung des Hochschulsystems*: Die historisch gewachsene hohe Einheitlichkeit des deutschen Hochschulsystems, im Wesentlichen entlang der beiden Subsysteme Universitäten und Fachhochschulen untergliedert, löst sich zunehmend auf zugunsten von institutionellen Annäherungen einerseits, neuen Formen der institutionellen Differenzierung andererseits (BANSCHERUS et al. 2015). Angleichungsprozesse lassen sich zum Beispiel auf der Ebene der Studienabschlüsse beobachten. Institutionelle Differenzierung findet sowohl funktional durch fachliche Konzentration und „Profilbildung", aber auch vertikal durch Exzellenzinitiative, Rankings und andere Mechanismen statt. Der Diskurs über eine „Third Mission" verweist darauf, dass Hochschulen auch neue Aufgaben zuwachsen, etwa im Bereich des lebenslangen Lernens oder des Wissenstransfers. Eine noch stärkere Diversifizierung lässt sich auf der Ebene der Studiengänge (z. B. durch fachliche Spezialisierung) beobachten, die gegenwärtig durch eine kaum noch überschaubare Proliferation von Studienangeboten sowohl im Bachelor- als auch im Masterbereich gekennzeichnet ist.
– *Hochschule als Organisation – von der Gelehrtenrepublik zum Hochschulmanagement*: Die traditionelle deutsche Hochschulverfassung ist durch eine Dominanz der staatlichen Steuerung und, nach innen, durch eine hohe individuelle Autonomie der Mitglieder der akademischen Gemeinschaft charakterisiert. Demgegenüber war die institutionelle Ebene des akademischen Managements eher schwach ausgeprägt. Seit den späten 1960er Jahren wurde das alte Modell der Professorenrepublik geringfügig durch die Gruppenuniversität modifiziert. Die in den letzten beiden Jahrzehnten im Zeichen der neuen Hochschulsteuerung durchgeführten Maßnahmen führten zumindest tendenziell dazu, dass die Ebene des professionellen Hochschulmanagements in ihren Entscheidungs- und Steuerungskompetenzen gestärkt wurde und zugleich neue Verfahren der externen Steuerung durch Etablierung vertragsförmiger Formen und intermediärer Einrichtungen (Hochschulräte oder Agenturen) institutionalisiert wurden.[16] Zwar ist die deutsche Hochschule als eine eigensinnige Expertenorganisation insgesamt immer noch eher eine unvollständige und spezifische Organisation, aber deutlicher als je zuvor verliert sie ihren Charakter einer bloß „lose gekoppelten Organisation".[17]

Schrittweise ist mit dem Bologna-Prozess das Ziel der Beschäftigungsfähigkeit in die hochschulpolitische Programmatik eingeführt worden.[18] Der Begriff steht meist stellvertretend für die Ausbildungsfunktion, den Arbeitsmarktbezug und die Berufsrelevanz des Studiums, manchmal auch für das Ziel der Berufsfähigkeit, wird aber tendenziell im Verlaufe des Bologna-Prozesses immer enger definiert. Es geht dort immer weniger um den Erwerb einer professionellen Kompetenz, von daher auch nicht um Berufsfähigkeit, als vorrangig um die Aufnahme einer Erwerbstätigkeit überhaupt. Gegenüber dem kompetenztheoretisch weiter gefassten Anspruch, die Anforderungen von Arbeitsmarkt und Beruf mit dem Studium zu verbinden, wird letztlich die Aufnahme einer Beschäftigung nach Studienabschluss als maßgebliche Erwartung angelegt.[19] Der Begriff wird aber zwischen verschiedenen Akteursgruppen und innerhalb der Fachkulturen unterschiedlich verstanden und ist insgesamt eine diffuse, mehrdeutige Kategorie geblieben, deren gemeinsame Basis oft lediglich mit ihrerseits wieder sehr unterschiedlich dimensionierten Schlüsselkompetenzen/-qualifkationen operationalisiert wird (SCHAEPER und WOLTER 2008).

---

16 Überblick bei WOLTER 2007, 2012.
17 WILKESMANN und SCHMIDT 2012, S. 18.
18 SCHUBARTH und SPECK 2013, TEICHLER 2008.
19 Siehe dazu Abschnitt 4.

In gewisser Weise hat der Begriff andere Zielbestimmungen verdrängt oder überlagert; das gilt insbesondere für solche Ziele wie intellektuelle Bildung oder Persönlichkeitsbildung, die in der bildungsidealistischen Tradition noch im Mittelpunkt standen und die jetzt oft der Beschäftigungsfähigkeit untergeordnet werden. Dabei überrascht, wie unkritisch und bereitwillig dieses Konzept von den hochschulpolitischen Akteuren aufgenommen wurde und zu einem maßgeblichen akademischen Ausbildungsziel avancierte. Es ist schon erstaunlich, dass in Deutschland die Hochschulen und ihre Organisationen, einschließlich der Hochschulrektorenkonferenz, eine lange rhetorische Tradition der „Idee der deutschen Universität" gepflegt haben und zum Teil immer noch pflegen und sich dann relativ umstandslos die Kategorie der Beschäftigungsfähigkeit zu eigen gemacht haben. Ulrich TEICHLER, der sich mehrfach kritisch mit diesem Begriff auseinander gesetzt und den damit verbundenen „*Jargon der Nützlichkeit*", der eine starke utilitaristische Sichtweise in die hochschulpolitische Debatte eingeführt hat, hält ihn sogar für eine „Entgleisung", weil er eher den Tausch- als den Gebrauchswert des Studiums anspricht.[20]

4. Beschäftigungsfähigkeit – eine kritische Perspektive

Ursprünglich entstammt dieser Begriff einem ganz anderen Diskursfeld. Die Förderung der individuellen Beschäftigungsfähigkeit ist seit beinahe drei Jahrzehnten eine zentrale Leitlinie der europäischen Arbeitsmarkt- und Beschäftigungspolitik und zielt in erster Linie auf die Förderung und (Re-)Integration arbeitsmarktpolitischer Problemgruppen ab, ursprünglich primär gesundheitlich Benachteiligte, dann nach und nach auch weitere Problemgruppen, speziell die Geringqualifizierten.[21] Auch in Deutschland hat der Begriff der Beschäftigungsfähigkeit in dieser Tradition Eingang in die Arbeitsmarkt- und Sozialpolitik gefunden und bezieht sich primär auf den Erhalt der Beschäftigungsfähigkeit von Erwerbstätigen (z. B. durch berufliche Weiterbildung) oder die Verbesserung der Beschäftigungsfähigkeit von nicht-erwerbstätigen, arbeitslosen Personen. „Employability" wird als ein Konzept aktivierender Arbeitsmarktpolitik „mit der spezifischen Konnotation einer dem Individuum attribuierbaren Eigenschaft im Sinne einer in der Person liegenden Grundvoraussetzung für die Vermittelbarkeit auf dem Arbeitsmarkt" verstanden.[22] Dabei geht es vorrangig darum, „die ggf. in der Person eines Arbeitslosen liegenden Vermittlungshemmnisse zu beseitigen oder zu reduzieren" mit dem Ziel, eine Vermittlung in reguläre Erwerbstätigkeit vorzubereiten und zu erreichen.

Die Rezeption dieser arbeitsmarktpolitischen Kategorie im Kontext von Hochschulpolitik und Studienreform und die damit verbundene semantische Verschiebung zu einer zentralen Aufgabe des Studiums kommen einer mehrfachen Problemreduktion gleich. Unter diesem Begriff wird jetzt zumeist eine höhere Passung bzw. Passfähigkeit zwischen den im Studium erworbenen Kompetenzen und den Anforderungen des Beschäftigungssystems verstanden. Mit dem Begriff der Beschäftigungsfähigkeit haben die Hochschulen eine Art Erfolgsversprechen übernommen, welches sie institutionell gar nicht einlösen können. Denn Beschäftigungsfähigkeit hängt weder, der arbeitsmarktpolitischen Definition nach, allein von den Fähigkeiten des Individuums ab, noch, dem hochschulpolitischen Verständnis nach, von den Ausbildungsleistungen der Hochschule. Dieses kann mit drei Argumenten untermauert werden.

---

20 TEICHLER 2008, S. 77.
21 Vgl. BRUSSIG und KNUTH 2009.
22 APEL und FERTIG 2009, S. 6.

Erstens enthält Beschäftigungsfähigkeit insofern eine strukturelle Komponente, als die Beschäftigungschancen eines Individuums in noch stärkerem Umfang als von seinen im Studium erworbenen Kompetenzen von den Opportunitätsstrukturen regionaler Arbeitsmärkte abhängen. Es ist aus Absolventenstudien bekannt, wie stark die Beschäftigungsperspektiven unterschiedlicher Generationen von Hochschulabsolventinnen und Hochschulabsolventen mit der volkswirtschaftlichen Arbeitsnachfrage und noch einmal mit den Studienfachrichtungen variieren. Verschiedene Absolventengenerationen werden mit manchmal schnell wechselnden Arbeitsmarktdynamiken konfrontiert, die sich auf fachspezifischen Teilarbeitsmärkten unterschiedlich manifestieren (Titze 1990). Die Nachfrageseite des Arbeitsmarktes kann aber strukturell weder vom Individuum noch von der Institution Hochschule beeinflusst werden, dasselbe gilt für regionale Arbeitsmarktungleichgewichte. Absolventinnen und Absolventen aus Hochschulstandorten in peripheren, ökonomisch unterentwickelten Regionen und aus wirtschaftlich stärkeren Metropolregionen stoßen auf fundamental unterschiedliche Angebotsstrukturen des akademischen Arbeitsmarktes, die nichts mit den Qualifizierungsleistungen des Studiums zu tun haben. Beschäftigungsfähigkeit löst eine Problemkonstellation, in der individuelle Dispositionen (Fähigkeiten und Bereitschaften) und strukturelle Faktoren (Beschäftigungsoptionen und -gelegenheiten) ineinander greifen, nach der individuellen Seite auf – nach dem Motto: „Verfügt ein Individuum über Beschäftigungsfähigkeit, wird es auch Beschäftigung finden."[23]

Zweitens hängt mit den regionalen Gelegenheitsstrukturen von Arbeitsmärkten eng zusammen, dass eine wesentliche Voraussetzung für Beschäftigung auf prekären Arbeitsmärkten in der regionalen Mobilitätsbereitschaft von Absolventinnen und Absolventen besteht. Berufserfolg hängt nicht nur von Studium und Hochschule oder Arbeitsmarktstrukturen ab, sondern auch von individuellen Ansprüchen, Verhaltensweisen und Strategien, insbesondere der individuellen Mobilitätsbereitschaft. Auch hier handelt es sich um eine von Studium und Hochschule kaum beeinflussbare „Variable", die eher einen biographisch erworbenen dispositionalen Charakter hat. Absolventenstudien zeigen, dass diejenigen Absolventinnen und Absolventen beim Übergang von der Hochschule in den Beruf besonders mobil sind, die bereits bei der Studienaufnahme regional mobil waren.[24] Auch die individuelle Kompetenzentwicklung wird nicht nur durch das Studium beeinflusst, sondern durch vielfältige individuelle und außerhochschulische Faktoren. Ein wesentlicher Teil der Kompetenzentwicklung von Studierenden verdankt sich gar nicht den Ausbildungsbemühungen der Hochschulen, sondern extracurricularen, außerhochschulischen, oft informellen Lernprozessen, die das Ergebnis biographischer Lern- und Erfahrungsprozesse sind.

Drittens verwundert es etwas, dass mit der hochschulpolitischen Rezeption der Kategorie *Employability* eine arbeitsmarktpolitische Perspektivenverschiebung von den Problemgruppen des Arbeitsmarktes, insbesondere den Geringqualifizierten, ausgerechnet zu den Hochqualifizierten vorgenommen wird. Die entsprechenden arbeitsmarktpolitischen Indikatoren – qualifikationsspezifische Arbeitslosigkeit, (In-)Adäquanz im Verhältnis von erworbener Qualifikation und ausgeübter Beschäftigung, vertragliche Beschäftigungsmerkmale u. a. – zeigen für Deutschland für die Gruppe der Hochschulabsolventinnen und Hochschulabsolventen mit einigen fachrichtungsspezifischen Unterschieden bislang keine besonderen Aufnahmeprobleme auf dem Arbeitsmarkt an (Wolter 2014b). Eine „Sättigungsgrenze" ist bislang nicht erkennbar. Zwischen Qualifikation und Beschäftigungsrisiko besteht ein enger

---

23 Kraus 2008, S. 14.
24 Lenz et al. 2014, S. 145ff.

(negativer) Zusammenhang, langfristig kann eher eine Spreizung der Arbeitsmarktrisiken zwischen unteren und oberen Qualifikationsebenen beobachtet werden. Die negativen Arbeitsmarktszenarien – wie z. B. der berühmte „Taxifahrer Dr. phil." – haben sich bislang nicht bewahrheitet, auch wenn der Übergang vom Studium in den Beruf ohne Zweifel – bei starken Unterschieden zwischen Fachrichtungen und Teilarbeitsmärkten – langwieriger, risikoreicher und schwieriger geworden ist und zyklischen Schwankungen unterliegt. Auch die individuellen Bildungserträge bestätigen Vorsprünge von Hochschulabsolventinnen und Hochschulabsolventen sowohl bei monetären wie bei den nicht-monetären Erträgen gegenüber anderen Qualifikationsgruppen und zeigen u. a. eine höhere Erwerbsbeteiligung von Hochschulabsolventinnen und Hochschulabsolventen in allen Altersgruppen.

Von daher ist Beschäftigungsfähigkeit von Hochschulabsolventinnen und Hochschulabsolventen empirisch bislang kein virulentes Problem in Deutschland gewesen. Darüber hinaus handelt es sich um ein mehrfaktorielles Konstrukt, auf das die Hochschule nur einen begrenzten Einfluss hat. Beschäftigungsfähigkeit taugt trotz der Prominenz dieses Konzeptes wenig als nachhaltige Leitidee akademischer Bildung. Der Begriff enthält implizit eine Kausalitätsannahme, wonach primär das Individuum und die ausbildende Einrichtung für die Beschäftigungschancen verantwortlich sind. Diese implizite Kausalitätskonstruktion übersieht (oder ignoriert) jedoch, dass Beschäftigungsfähigkeit zwar auf der einen Seite von den erworbenen Kompetenzen der Absolventen und Absolventinnen abhängt, aber auf der anderen Seite strukturelle, marktbezogene Voraussetzungen ebenso wie Persönlichkeitsdispositionen eine ausschlaggebende Rolle spielen, auf die Hochschulen keinen Einfluss ausüben. Gegenüber der mit dem Konzept Beschäftigungsfähigkeit verbundenen Annahme einer „Passung" oder „Passfähigkeit" von erworbener Qualifikation und ausgeübter Beschäftigung muss darauf hingewiesen werden, dass empirisch gewisse „Imperfektionen" (H. Schomburg) zwischen Hochschulausbildung und Anforderungen des Beschäftigungssystems der Normalfall sind. Ist nach der akademischen Persönlichkeitsbildung mit der Kategorie der Beschäftigungsfähigkeit ein zweiter Mythos geboren worden?

5. Schlussfolgerungen: Klassische Bildungsideale und neues Bildungsverständnis

Mit der Hochschulexpansion und der steigenden Beteiligung der jüngeren Alterskohorten an Hochschulbildung zeichnet sich jedoch immer deutlicher ab, dass die große Mehrzahl der Absolventinnen und Absolventen keine Hochschulkarriere anstrebt und in diesem Sinne keinen wissenschaftlichen Nachwuchs bildet, sondern auf der Basis des erworbenen Abschlusses (und der erworbenen Kompetenzen) eine Beschäftigungsperspektive außerhalb der Hochschule, überwiegend auch außerhalb des Wissenschaftssystems sucht. So streben von den im Rahmen des 12. Konstanzer Studierendensurveys befragten Studierenden an Universitäten (WS 2012/13) gerade 5 % „bestimmt" eine Tätigkeit an der Hochschule an, „vielleicht" (und vorübergehend) noch weitere 36 %, an den Fachhochschulen mit 2 bzw. 27 % erwartungsgemäß weniger. In den 1980er Jahren waren es noch etwa doppelt so viele, die „bestimmt" eine akademische Karriere präferierten. Weit vor der Hochschule liegen andere Tätigkeitsfelder: die Schule, die Privatwirtschaft, eine selbständige Tätigkeit, der (sonstige) öffentliche Dienst.[25] Von daher ließ und lässt sich die berufliche Ausbildungsfunktion, um die sich die Universität lange Zeit wenig

---

25 Ramm et al. 2014, S. 396.

gekümmert hatte, nicht mehr länger ignorieren. „Beschäftigungsfähigkeit" – so problematisch dieser Begriff ist – erinnert die Hochschulen daran, nicht nur wissenschaftlichen Nachwuchs auszubilden, sondern für eine Beschäftigung außerhalb der Hochschule zu qualifizieren. Das ist der (einzige?) positive Beitrag des Konzepts „employability".[26]

Beschäftigungsfähigkeit scheint Bildung aus der Universität verdrängt zu haben, lässt aber eine substanzielle Lücke, da *Employability* allein als Ziel eines Studiums zu kurz greift. Unter den Bedingungen des wissensgesellschaftlichen Wandels von Arbeit und Beschäftigung verändern sich auch die Anforderungen an akademische Bildung und Qualifikation tiefgreifend. Dieser Wandel ist mit der – in der dem Autor ursprünglich gestellten Frage enthaltenen – Entgegensetzung von klassischen Bildungsidealen und Bildung im Kontext technologischer Entwicklung nur unzureichend beschrieben. Technologischer Wandel ist nur eine Komponente eines viel umfassenderen Qualifikationsstrukturwandels. Akademische Bildung muss auch in Zukunft gegenüber anderen Formen einer beruflichen Ausbildung eine *differentia specifica* aufweisen, wenn sie nicht zu einer mehr oder weniger beliebigen Form beruflicher Qualifizierung mutieren will oder soll.

Diese Differenz könnte aus einer zeitgenössischen, kritischen, historisch gesehen kontrafaktischen Neuinterpretation des „klassischen" Bildungsverständnisses gewonnen werden, die beispielhaft folgende Komponenten umfassen würde:

- humanistische, an der Idee der Menschen- und Bürgerrechte orientierte Wertvorstellungen;
- Reflexions- und Kritikfähigkeit nicht nur als eine wissenschaftliche, sondern auch eine gesellschaftliche Haltung;
- ganzheitliches „systemisches" Denken;
- eine Distanz gegenüber dem „Fachmenschentum" durch überfachliches Denken;
- zivilgesellschaftliches Engagement.

Die Fokussierung auf ein verengtes Verständnis von Beschäftigungsfähigkeit als Leitbild der „Bologna-Universität" sollte einer Orientierung an dem Konzept einer wissenschaftsbasierten professionellen Handlungsfähigkeit weichen, das neben berufsrelevanten Kompetenzen eine wissenschaftliche, kritisch-reflexive Haltung und intellektuelle Neugierde mit einschließt. Ein solches Verständnis akademischer Bildung würde folgende Kernkompetenzen beinhalten:

- Umgang mit Wissenschaft: Verstehen und Anwenden wissenschaftlicher Theorien und Methoden;
- Fachkompetenz: disziplingebundenes Fachwissen und fachbezogene methodische Kompetenzen;
- inter- bzw. transdisziplinäre Bezüge herstellen können;
- Berufsrelevanz: Erwerb von tätigkeitsfeldorientierten berufsbezogenen Handlungskompetenzen, Entwicklung transferfähiger Strategien für berufliche Problemlösungen;
- kritische Reflexions- und Innovationsfähigkeit (auch in der Berufspraxis);
- Interkulturalität und Internationalität;
- berufliche (und individuelle) Kompetenzen jenseits fachlicher Qualifikationen wie Selbstorganisation, Kooperationsfähigkeit, Transferfähigkeiten.

---

26 Teichler 2008, S. 77.

Der historisch weit zurückreichende Diskurs über die Aufgaben der Hochschule, zwischen idealistisch überhöhter akademischer Persönlichkeitsbildung und nur noch pragmatischer Beschäftigungsfähigkeit oszillierend, scheint noch keineswegs abgeschlossen.

Literatur

ANRICH, E. (Hrsg.): Die Idee der deutschen Universität. Die fünf Grundschriften aus der Zeit ihrer Neubegründung durch klassischen Idealismus und romantischen Realismus. Darmstadt: Wissenschaftliche Buchgesellschaft 1960

APEL, H., und FERTIG, M.: Operationalisierung von „Beschäftigungsfähigkeit" – ein methodischer Beitrag zur Entwicklung eines Messkonzepts. Zeitschrift für Arbeitsmarktforschung *42*/1, 5–28 (2009)

ASH, M. G. (Hrsg.): Mythos Humboldt. Vergangenheit und Zukunft der deutschen Universitäten. Wien: Böhlau 1999

BAETHGE, M., and WOLTER, A.: The German skill formation model in transition: From dual system of VET to higher education? Journal for Labor Market Research, doi10, 1007/s12651-015-0181-x (2015)

BANSCHERUS, U., ENGEL, O., MINDT, A., SPEXARD, A., und WOLTER, A.: (Hrsg.): Differenzierung im Hochschulsystem – Nationale und internationale Entwicklungen und Herausforderungen. Münster: Waxmann 2015

BANSCHERUS, U., und WOLTER, A.: Praxisbezüge und Beschäftigungsfähigkeit im Bologna-Prozess – „A never ending story"? In: SCHUBARTH, W., SPECK, K., SEIDEL, A., GOTTMANN, C., KAMM, C., und KROHN, M. (Hrsg.): Studium nach Bologna: Praxisbezüge stärken?! S. 21–36. Wiesbaden: Springer 2012

BLANKERTZ, H.: Geschichte der Pädagogik. Wetzlar: Büchse der Pandora 1982

BOLLENBECK, G.: Bildung und Kultur. Glanz und Elend eines deutschen Deutungsmusters. Frankfurt (Main): de Gruyter 1994

BRUSSIG, M., und KNUTH, M.: Individuelle Beschäftigungsfähigkeit: Konzept, Operationalisierung und erste Ergebnisse. WSI-Mitteilungen *62*/6, 287–294 (2009)

HABERMAS, J.: Die Idee der Universität – Lernprozesse. Zeitschrift für Pädagogik *32*, 703–718 (1986)

JASPERS, K.: Die Idee der Universität. Berlin: Springer 1946

KOPETZ, H.: Forschung und Lehre. Die Idee der Universität bei Humboldt, Jaspers, Schelsky und Mittelstraß. Wien: Böhlau 2002

KRAUS, K.: Beschäftigungsfähigkeit oder Maximierung von Beschäftigungsoptionen? Bonn: Friedrich-Ebert-Stiftung 2008

LANGEWIESCHE, D.: Chancen und Perspektiven: Bildung und Ausbildung. In: HÜGLI, A., KÜCHENHOFF, J., und MÜLLER, W. (Hrsg.): Die Universität der Zukunft. Eine Idee im Umbruch? S. 88–102. Basel: Schwabe 2007

LANGEWIESCHE, D.: Die ‚Humboldtsche Universität' als nationaler Mythos. Historische Zeitschrift *290*, 53–91 (2010)

LANGEWIESCHE, D.: Humboldt als Leitbild? Die deutsche Universität in den Berliner Rektoratsreden seit dem 19. Jahrhundert. Jahrbuch für Universitätsgeschichte *14*, 15–38 (2011)

LENZ, K., WOLTER, A., OTTO, M., und PELZ, R.: Studium und Berufseinstieg. Ergebnisse der 2. Sächsischen Absolventenstudie für die Prüfungsjahrgänge 2010/2011. TU Dresden 2014

LUNDGREEN, P.: Sozialgeschichte der deutschen Schule im Überblick. Teil I: 1770–1918. Göttingen: Vandenhoeck & Ruprecht 1980

MITTELSTRASS, J.: Die unzeitgemäße Universität. Frankfurt (Main): Suhrkamp 1994

MÜLLER, E.: Gelegentliche Gedanken über Universitäten. Leipzig: Reclam 1990

PALETSCHEK, S.: Verbreitete sich ein ‚Humboldt'sches Modell' an den deutschen Universitäten im 19. Jahrhundert? In: SCHWINGES, R. C. (Hrsg.): Humboldt International. Der Export des deutschen Universitätsmodells im 19. und 20. Jahrhundert. S. 75–105. Basel: Schwabe 2001

PALETSCHEK, S.: Die Erfindung der Humboldtschen Universität. Die Konstruktion der deutschen Universitätsidee in der ersten Hälfte des 20. Jahrhunderts. Historische Anthropologie *10*, 183–205 (2002)

PLESSNER, H.: Zur Soziologie der modernen Forschung und ihrer Organisation in der deutschen Universität [1924]. In: PLESSNER, H.: Diesseits der Utopie. S. 121–142. Frankfurt (Main): Suhrkamp 1974

RAMM, M., MULTRUS, F., BARGEL, T., und SCHMIDT, M.: Studiensituation und studentische Orientierungen. 12. Studierendensurvey an Universitäten und Fachhochschulen. Bonn, Berlin: Bundesministerium für Bildung und Forschung 2014

RICKEN, N.: Die wissentliche Universität – eine Einführung in Lage und Idee(n) der Universität. In: RICKEN, N., KOLLER, H.-C., und KEINER, E. (Hrsg.): Die Idee der Universität – revisited. S. 11–32. Wiesbaden: Springer 2014

RICKEN, N., KOLLER, H.-C., und KEINER, E.: Die Idee der Universität – revisited. Wiesbaden: Springer 2014

SCHAEPER, H., und WOLTER, A.: Hochschule und Arbeitsmarkt im Bologna-Prozess. Der Stellenwert von „Employability" und Schlüsselkompetenzen. Zeitschrift für Erziehungswissenschaft *11*/4, 607–625 (2008)

Schelsky, H.: Einsamkeit und Freiheit. Idee und Gestalt der deutschen Universität und ihrer Reformen. Reinbek: Rowohlt 1963
Schubarth, W., und Speck, K.: Fachgutachten zu „Employability und Arbeitsmarktrelevanz durch verstärkte Praxisbezüge im wissenschaftlichen Studium". o. O. 2013
Spranger, E. (Hrsg.): Fichte, Schleiermacher, Steffens über das Wesen der Universität. Leipzig: Dürr'sche Buchhandlung 1910
Strzelewicz, W.: Bildung und gesellschaftliches Bewußtsein. Sozialhistorische Darstellung. In: Strzelewicz, W., Raapke, H.-D., und Schulenberg, W. (Hrsg.): Bildung und gesellschaftliches Bewußtsein. Eine mehrstufige soziologische Untersuchung in Westdeutschland. Stuttgart: Ferdinand Enke 1966
Strzelewicz, W.: Bildungssoziologie. In: König, R. (Hrsg.): Handbuch der empirischen Sozialforschung. Bd. *14*, S. 83–237. 2. Aufl. Stuttgart: Thieme 1979
Teichler, U.: Der Jargon der Nützlichkeit. Zur Employability-Diskussion im Bologna-Prozess. Das Hochschulwesen *56*/3, 68–79 (2008)
Tenorth, H.-E.: Geschichte der Erziehung. München: Juventa 1988
Tenorth, H.-E.: Was heißt Bildung in der Universität? Oder: Transzendierung der Fachlichkeit als Aufgabe universitärer Studien. In: Krücken, G., und Grözinger, G. (Hrsg.): Innovation und Kreativität an Hochschulen. Die Hochschule *19*/1, 119–134 (2010a)
Tenorth, H.-E.: Wilhelm von Humboldts (1767–1835) Universitätskonzept und die Reform in Berlin – eine Tradition jenseits des Mythos. Zeitschrift für Germanistik XX-1, 15–28 (2010b)
Tenorth, H.-E.: Humboldts Modell – Konzept, Idee und Realität des deutschen Universitätsmodells von Berlin aus gesehen. In: Banscherus, U., Engel, O., Mindt, A., Spexard, A., und Wolter, A.: (Hrsg.): Differenzierung im Hochschulsystem – Nationale und internationale Entwicklungen und Herausforderungen. S. 77–94. Münster: Waxmann 2015
Titze, H.: Der Akademikerzyklus: historische Untersuchungen über die Wiederkehr von Überfüllung und Mangel in akademischen Karrieren. Göttingen: Vandenhoeck & Ruprecht 1990
Wilkesmann, U., und Schmidt, C. J. (Hrsg.): Hochschule als Organisation. Wiesbaden: de Gruyter 2012
Wolter, A.: From the academic republic to the managerial university – Towards a new model of governance in German higher education. In: Inenaga, Y., and Yamamoto, S. (Eds.): Reforms of Higher Education in Six Countries – Commonalities and Differences; pp. 111–132. Tokyo: University of Tsukuba 2007
Wolter, A.: State, market and institution in German higher education – New governance mechanisms between state regulation and market dynamics. In: Schuetze, H. G., and Alvarez-Mendiola, G. (Eds.): State and Market in Higher Education Reforms; pp. 129–147. Rotterdam, Boston: Springer 2012
Wolter, A.: Eigendynamik und Irreversibilität der Hochschulexpansion: Die Entwicklung der Beteiligung an Hochschulbildung in Deutschland. In: Banscherus, U., Bülow-Schramm, M., Himpele, K., Staack, S., und Winter, S. (Hrsg.): Übergänge im Spannungsfeld von Expansion und Exklusion. Eine Analyse der Schnittstellen im deutschen Hochschulsystem. S. 19–38. Bielefeld: W. Bertelsmann 2014a
Wolter, A.: Studiennachfrage, Absolventenverbleib und Fachkräftediskurs – Wohin steuert die Hochschulentwicklung in Deutschland? In: Bauer, U., Bolder, A., Bremer, H., Dobischat, R., und Kutscha, G. (Hrsg.): Expansive Bildungspolitik – Expansive Bildung? S. 145–172. Wiesbaden: Springer 2014b
Wolter, A., and Kerst, C.: The 'academization' of the German qualification system: Recent developments in the relationships between vocational training and higher education in Germany. In: Research in Comparative and International Education. Special Issue 2015: Understanding Vocational Education and Training (VET) in England and Germany. Im Erscheinen (2015)

Prof. Dr. Andrä Wolter
Humboldt-Universität zu Berlin
Institut für Erziehungswissenschaften,
Abteilung Hochschulforschung
Unter den Linden 6
10099 Berlin
Bundesrepublik Deutschland
E-Mail: andrae.wolter@hu-berlin.de

Humboldt 4.0
Perspektiven einer grundlegenden Erneuerung der Universität, die durch den technologischen Wandel ermöglicht und durch die Explosion von Komplexität und Wissen notwendig wird

Albrecht von Müller (München)

Mit 3 Abbildungen

Zusammenfassung

Nach einer kurzen Vorbemerkung zu problematischen Verengungen der Begriffe von Bildung und Wissenschaft wird skizzenhaft dargelegt, dass, warum und wie Universitäten sich in den nächsten Jahren tiefgreifend verändern werden. Im Zentrum stehen dabei grundlegend neue, interaktiv nach- und weiterdenkbare Formen der Repräsentation von Gedanken und Wissen. Diese ermöglichen weit über das heutige eLearning bzw. MOOCs hinausgehende Innovationen der Lehre und des Lernens.

Abstract

After some brief remarks on too narrow concepts of education and science it is sketched out that, why and how universities will experience a profound transformation over the coming years. At the center of these changes will be the new ability to represent thoughts in an interactively re-thinkable format. This will allow for radically novel forms of teaching and learning that go far beyond today's MOOCs.

Das Motto der Tagung lautete „Brauchen wir eine Rückbesinnung auf die klassischen Bildungsideale oder müssen wir Bildung im Kontext der technologischen Entwicklungen neu denken?" Mir scheint die Formulierung als Alternative nicht ganz zutreffend zu sein. Wir brauchen beides, und beides lässt sich sogar nur zusammen erreichen.

Echte Wissenschaft ist weit mehr als das bloße Zusammentragen und Analysieren von Fakten. Sie versucht, das jeweils interessierende Phänomen in seinem Entstehungs- und Wirkungszusammenhang, aber auch in seinem ganzen Reichtum und seiner Tiefe, d.h. als Teil des gesamten Wirklichkeitsgeschehens, zu verstehen. Der moderne, weltumspannende Wissenschaftsbetrieb hat gigantische Ausmaße angenommen. Dennoch gibt es nach wie vor nur ganz wenige, proportional gesehen sogar immer weniger, echte Wissenschaftler. Bildung und Wissenschaft haben viel miteinander zu tun. Der Grad unserer Bildung besagt, inwieweit sich uns die Welt, in der wir uns vorfinden, in ihrem Reichtum, ihrem Zusammenhang und ihrer Tiefe erschließt. Bildung ist die Voraussetzung echter Wissenschaft. Zugleich ist Wissenschaft der Versuch, das, was wir über das Wirklichkeitsgeschehen wissen, also die Möglichkeit von Bildung, auszuweiten und zu vertiefen. Die Erweiterung und Vertiefung möglicher Bildung ist somit das eigentliche Ziel von Wissenschaft. Der pragmatische Aspekt von Wissenschaft ist die Ausweitung unserer instrumentellen Handlungsmöglichkeiten, der pragmatische Aspekt von Bildung ist Ausbildung. Bei beiden handelt es sich jedoch nur um Teilaspekte. Bildung und Wissenschaft gehen weit darüber hinaus, unsere Welt nur besser im Griff haben zu wollen. Die weitgehende Gleichsetzung von Bildung mit Ausbildung bzw. von Wissenschaft mit der Ausweitung unserer instrumentellen Handlungsmöglichkeiten ist das grundlegende Missverständnis des heutigen Wissenschafts- und Bildungsbetriebs.

Ich möchte im Folgenden jedoch mehr dem zweiten Teil des Titels, der Frage, ob wir (akademische) Bildung angesichts der technologischen Entwicklung neu denken müssen, nachgehen und sie ganz klar bejahen.

Die Rahmenbedingungen akademischer Bildung verändern sich derzeit auf dramatische Weise:

– Bedingt durch den wissenschaftlich-technologischen Fortschritt und die Globalisierung nehmen die Komplexität der Herausforderungen und vor allem auch die Geschwindigkeit struktureller Veränderungen immer weiter zu. Dies gilt für Politik, Wirtschaft und Gesellschaft.
– Zugleich expandiert unser Wissen über die Welt immer schneller, und dank der elektronischen Medien wird der jeweils neueste Kenntnisstand nahezu ubiquitär verfügbar.

Beide Entwicklungen verändern die Aufgaben und Möglichkeiten universitärer Bildung von Grund auf. Ergänzend zu der Vermittlung disziplinspezifischer Fachkenntnisse nehmen dabei zwei querschnittliche Kompetenzen rapide an Bedeutung zu:

– Die Fähigkeit zu authentischem Denken, denn nur dieses ermöglicht es, auch grundlegend neue Entwicklungen richtig zu deuten und sinnvoll zu gestalten.
– Die Fähigkeit, in immer facettenreicheren Wissensräumen kompetent zu navigieren und sich den jeweils aktuellsten Kenntnisstand rasch und sicher anzueignen.

Die Parmenides-Stiftung befasst sich seit 15 Jahren mit der Aufgabe, besser zu verstehen, wie das menschliche Gehirn Komplexität bewältigt, und neue Methoden und Instrumente zu entwickeln, mit denen es dabei unterstützt werden kann. Anders als in weiten Teilen der Forschung zur „künstlichen Intelligenz" geht es hier nicht darum, das menschliche Denken zu überholen oder zu ersetzen. Der technologische Fortschritt (insbesondere in den Bereichen des „haptic computing", 3-dimensionaler Visualisierungen sowie des „semantic graph matching") soll vielmehr dafür genutzt werden, unsere angeborenen Denkfähigkeiten zu unterstützen und zu erweitern. Um diesen Unterschied zur traditionellen AI-Forschung deutlich zu machen, wurde das neue Forschungsfeld mit dem Namen „Cognostics" bezeichnet.

Aus der Perspektive dieses neuen Forschungsgebietes soll im Folgenden skizziert werden, wie universitäre Bildung in den nächsten Jahren und Jahrzehnten grundlegend erneuert werden könnte und sollte. Eine zentrale Rolle spielt dabei die Möglichkeit, komplexe Gedankengänge als solche zu visualisieren und in einer interaktiv „nach-denkbaren" Form zugänglich zu machen. Der gesamte Gedankengang wird dabei in seine wesentlichen Denkschritte zerlegt. Diese werden individuell unterstützt und abgebildet. Anschließend wird aus diesen nunmehr klar erkenn- sowie nachprüf- und nachdenkbaren Modulen wieder der gesamte Gedankengang zusammengesetzt.

Die nachfolgende Graphik (Abb. 1) soll einen ersten Eindruck von dieser neuen Form der Visualisierung und Unterstützung sowie von der dadurch erreichten „Nach- und Weiterdenkbarkeit" komplexer Denkprozesse geben.

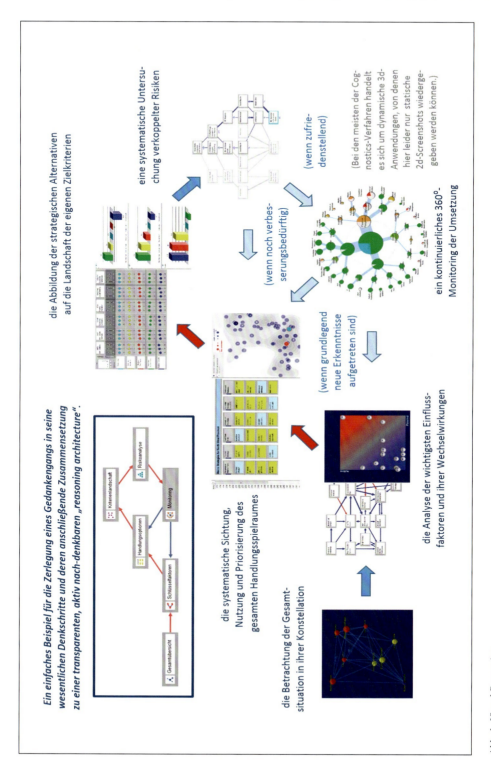

Abb. 1 *Visual Reasoning*

Albrecht von Müller

Insgesamt lassen sich im Bereich der Förderung authentischer Denkfähigkeit vier Aufgabenbereiche unterscheiden.

(1.) Die Präzision und Originalität des eigentlichen Denkprozesses

Neben der visuellen Repräsentation und dadurch Präzisierung der Denkprozesse kommt es hier vor allem auch auf einen breiten Fundus an verfügbaren Denkmustern an. Grundlegend neue Erkenntnisse kommen fast immer dadurch zustande, dass Denkmuster zwischen Themenfeldern übertragen sowie rekombiniert und weiterentwickelt werden. Gerade für die Interpretation und Gestaltung neu auftretender Strukturen und Dynamiken kommt es deshalb darauf an, dass die Studierenden mit einem breiten Fundus an Denkmustern unterschiedlicher disziplinärer Provenienz vertraut gemacht werden und sie kompetent zu handhaben lernen. (Diesem Ziel dient z. B. das neu entwickelte *MCA Masters Programm*. Im Rahmen des „Magister Cogitationis Artium" lernen die Teilnehmerinnen und Teilnehmer zentrale Denkmuster aus den Struktur-, Lebens-, Sozial- und Geisteswissenschaften kennen. Die einzelnen Denkmuster werden dabei in der oben skizzierten, interaktiv nach- und weiterdenkbaren Form wiedergegeben und können so sehr gut in das eigene Arbeitswissen integriert werden. Die ersten Erfahrungen mit dem neuen Konzept zeigen, dass dadurch sowohl inner- wie auch außerakademische Berufskarrieren massiv beschleunigt werden.)

(2.) Die Fähigkeit, sich auch komplexe Zusammenhänge in ihrer Gesamtheit gedanklich vor Augen zu halten

Häufig übersehen wird heute der grundlegende Unterschied zwischen Verstand und Vernunft. Verstand ist die Fähigkeit, einen Sachverhalt mittels zunehmend präziser analytischer Unterscheidungen zu erfassen. Mit diesem Denkmodus alleine gelangt man jedoch nie wieder zu einem sinnvollen Bild des Ganzen. Vernunft kann gemäß einer sehr gelungenen Definition Carl-Friedrich von Weizsäckers als die Fähigkeit begriffen werden, ein Ganzes als Ganzes wahrzunehmen. Zusätzlich zur ratiomorphen Durchdringung erfordert Vernunft auch die Fähigkeit zur Wahrnehmung einer *Konstellation*. Bestimmungsmerkmal einer Konstellation ist, dass ihre Komponenten erst in ihrer spezifischen Konfiguration wechselseitig ihre volle Bedeutung entfalten. Bedingung der Möglichkeit vernünftigen Denkens und Entscheidens ist somit eine *synoptische kognitive Repräsentation* des gesamten Sachverhalts. Da dies bei zunehmender Komplexität immer schwieriger wird, muss dieser Denkmodus besonders gezielt gefördert und unterstützt werden. Durch kaum etwas ist die gegenwärtige Entwicklung unserer Zivilisation so sehr geprägt, wie durch *die Hypertrophie lokaler, ratiomorpher Partialoptimierungen* bei gleichzeitiger *Atrophie der Wahrnehmung und Berücksichtigung des jeweiligen Gesamtzusammenhangs*. (Hierbei handelt es sich meines Erachtens weit weniger um ein ethisches als um ein erkenntnistheoretisches Problem.)

(3.) Das effektive Navigieren in ständig komplexeren Wissensräumen

Die immer raschere Zunahme unseres Wissens erfordert völlig neue Formen der Repräsentation und Navigation der verfügbaren Wissensräume. Herkömmliche Auflistungen sind dafür ebensowenig geeignet wie traditionelle Suchmaschinen. Entscheidend sind eine möglichst topologieerhaltende, aber intuitiv zugängliche, *zoom-in-* und *zoom-out*-fähige Repräsentation sowie eine ebenso intuitive, möglichst bruchlos über Disziplinengrenzen hinweg nutzbare Navigation. Um all diesen Anforderungen zu entsprechen, haben wir das „Topicule"-Verfahren entwickelt. Einzelne Themenkomplexe (oder auch einzelne wissenschaftliche Beiträge zu ihnen) werden dabei zunächst als die drei Raumdimensionen nutzende Konstellationen ihrer Schlüsselbegriffe, d.h. als sogenannte „Knowlecules", abgebildet. Aus diesen themenspezifischen *Knowlecules* werden dann – wiederum gemäß ihren inhaltlichen und methodologischen Zusammenhängen und mittels Methoden des semantischen *Graph Matching* – höhere Aggregate, die erwähnten *Topicules*, gebildet (Abb. 2). Wesentlich kommt es dabei auch auf die Kombination von zwei Informationsquellen für das menschliche Gehirn an. Es handelt sich zum einen um die begrifflichen Inhalte, die in Abbildung 2 nur beispielhaft als Text angedeutet sind, zum anderen um die räumlich-topologische Relativ-Positionierung eben dieser begrifflichen Inhalte. Durch ihre Positionierung in der jeweiligen Konstellation erfahren die einzelnen begrifflichen Komponenten eine wechselseitige semantische Nachschärfung bzw. Weiterentfaltung. Insgesamt ergibt sich hier eine völlig neuartige, zoom-fähige und schon nach kurzer Eingewöhnungszeit intuitiv navigierbare Repräsentation des gesamten Wissensraumes einer oder mehrerer Disziplinen.

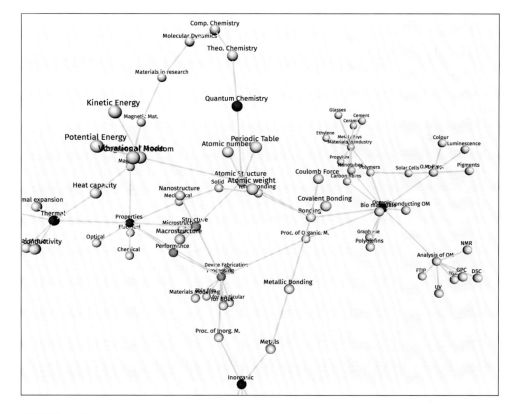

Abb. 2 Topicule

In personalisiert eingefärbten Varianten können *Topicules* den einzelnen Studierenden dazu dienen, sich einen Überblick über den Stand ihrer Kenntnisse und die sinnvollsten Weiterentwicklungen zu verschaffen. Darüber hinaus können sie später auch für völlig neuartige Bewerbungen, neuartige Stellenausschreibungen oder auch für die Zwecke der Personalentwicklung sowie der Teamzusammenstellung genutzt werden.

(4.) Weckung und Erhalt von Faszination und Neugier

Nach wie vor sind vor allem Schulen, zum Teil aber auch noch Universitäten Faszination und Neugier vernichtende Anstalten. Eine der Ursachen dafür ist, dass bei dem herkömmlichen Typus von „One-size-fits-all"-Lehrveranstaltungen nahezu immer ein Teil der Hörer unterfordert und ein anderer Teil überfordert wird. Leider beschränken sich „eLearning" und „MOOCs" derzeit meist auf traditionelle Lehrformate und -inhalte, die eben in elektronischer Form wiedergegeben werden. Dadurch wird jedoch das Potenzial der neuen Technologien nicht einmal ansatzweise ausgeschöpft. „Open Issue Lectures", die mittels sogenannter „dynamic reasoning architectures" unterstützt werden, bilden hier eine fundamentale Alternative.

Zunächst werden herausragende Vertreter eines Fachs gebeten, die *offenen* Fragen ihres Fachs darzulegen. (Es hat sich empirisch erwiesen, dass die Darlegung offener Fragen die Studierenden weit mehr motiviert, sich auch das gesamte schon verfügbare Wissen anzueignen, als die traditionelle Betonung des schon Verstandenen.) Aus thematisch aufeinander abgestimmten, vielstündigen Interviews werden dann 90 Minuten Lectures zusammengeschnitten und mit einer „dynamic reasoning visualization" sowie darunter liegenden modularen Wissenspyramiden ergänzt.

Wenn die Studierenden mit drei oder vier Schlüsselbegriffen einer herkömmlichen Vorlesung nichts anfangen können und/oder dem Gedankengang nicht folgen können, dann fährt, bildlich gesprochen, der Zug eben ohne sie ab. Dies kann durch das neue Lehrformat gezielt verhindert werden. Der Gedankengang wird durch einen sich ständig verändernden und Schritt für Schritt weiterentwickelten „Reasoning-Graph" sehr anschaulich und in sehr gut navigierbarer Form wiedergegeben. Wo immer ihnen etwas unklar bleibt, sowohl hinsichtlich der Gedankenführung wie auch hinsichtlich der verwendeten Begriffe, können die Studierenden die Vorlesung anhalten und gezielt auf die der jeweiligen Stelle zugrundeliegende Wissenspyramide oder auch die vorausgehenden Denkschritte zugreifen. In manchen Fällen mag es sogar nötig sein, sich zuerst noch ein ganzes Themengebiet auf analoge Weise zu erschließen, bevor dann sinnvoll die ursprüngliche Vorlesung weiterverfolgt werden kann.

Wissen ist etwas völlig anderes als Daten oder Informationen. Wissen erlaubt es, Zusammenhänge zu verstehen. Indem nun die entscheidenden Gedankengänge auf eine bislang völlig unmögliche Weise transparent, navigier- und nachvollziehbar gemacht werden, kommen wir der „regulativen Idee" aller akademischen Bildung, nämlich der Vermittlung von echtem Wissen einen großen Schritt näher (Abb. 3).

Selbstverständlich können dies nur einige Beispiele für die in allen vier Aufgabenbereichen verfügbaren neuen Methoden und Instrumente sein. Insgesamt stehen für eine grundlegende Erneuerung der akademischen Bildung mittlerweile ca. 20 Verfahren und Module aus dem Bereich der „Educational Cognostics" zur Verfügung. Diese können je nach Bedarf in einer integrierten Arbeitsumgebung, einer sogenannten ATLAS-Plattform (*Adaptive Teaching, Learning and Application System*), zusammengeführt werden. Dabei handelt es sich um eine

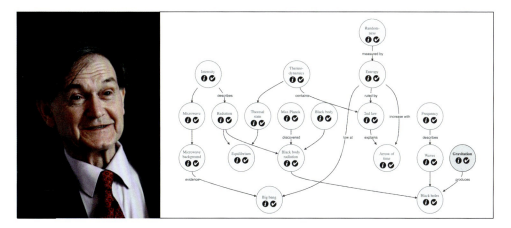

Abb. 3 Beispielhaft hier der Mathematiker Roger Penrose mit einer *Dynamic Reasoning Architecture*

integrierte, tablet-basierte Lernumgebung, die zu einer Art Rückgrat des gesamten Studiums wird. Alumni nehmen diese Plattform in ihren Berufsalltag mit und können damit durch ihre *Alma mater* auch auf dem neuesten Kenntnisstand des jeweiligen Faches gehalten werden.

Nimmt man schon allein die drei hier skizzierten Innovationen – d. h. die Visualisierung bzw. das Nach- und Weiterdenkbar-Machen komplexer Denkprozesse, die neuartige Repräsentation und Navigation von Wissensräumen sowie das soeben dargelegte adaptive Vorlesungsformat – zusammen, so zeichnet sich ab, wie grundlegend sich Universitäten schon in nächster Zukunft verändern werden.

Für die Vermittlung schon vorhandenen Wissens wird man zunehmend auf adaptive Lehr- und Lernumgebungen zurückgreifen. Die wertvolle Zeit mit den Dozenten wird dadurch immer mehr für die teilnehmende Einführung in authentisches Denken, d. h. in der eigentlichen Forschungsarbeit genutzt werden können. Versuche, Studierende schon ganz früh an die spannenden offenen Fragestellungen des jeweiligen Faches heranzuführen, haben sich als extrem erfolgreich erwiesen, sowohl was die Geschwindigkeit und Nachhaltigkeit der Kompetenzentfaltung wie auch was die Faszination und Motivation betrifft. Forschung und Lehre werden somit wieder in ein wesentlich engeres und synergetischeres Verhältnis treten – woraus sich auch die Bezeichnung der hier skizzierten Veränderungen mit dem Oberbegriff „Humboldt 4.0" ergibt.

Der Aufbau und das Updaten der *Topicules* sind mit einem sehr beachtlichen Aufwand verbunden. Sowohl aus diesem Grund als auch weil es weder für Studenten noch für Universitäten sinnvoll ist, sich mit einem zweitklassigen Angebot zu begnügen, werden sich weltweit pro Fach nur relativ wenige *Topicule*-Anbieter durchsetzen. Die meisten Universitäten werden *Topicules* lizenzieren. Der Wettbewerb zwischen den Universitäten wird sich dadurch auf die Qualität der Forschung und vor allem auch die optimale Einbeziehung der Studierenden in sie verlagern.

Da Wissenserzeugung die wichtigste und wertvollste Ressource Deutschlands ist, sollten wir den Versuch machen, diese dramatische Erneuerung der Universitäten in einer führenden Position mitzuvollziehen. Dies gilt vor allem auch für die Entwicklung und Nutzung der radikal neuen, adaptiven Lehr- und Lernumgebungen. Vor dem Abgleiten in die Barbarei des Nationalsozialismus hatte Deutschland in vielen Feldern der Wissenschaft eine weltweit führende Position. Diese durch ein neues Paradigma universitärer Bildung wieder zu erlangen, sollte – gerade in der Phase des Übergangs in eine globale Wissensökonomie – ein vorrangiges Anliegen sein.

Die Unterstützung des menschlichen Gehirns im Umgang mit Komplexität wird zu einer, vielleicht sogar zu der Schlüsselkompetenz des 21. Jahrhunderts. Sollten die hier skizzierten Überlegungen auch nur halbwegs zutreffen, so haben wir wieder einmal den Vorteil, dass die wichtigsten Innovationen in diesem Feld in Deutschland entstanden sind. Die Frage ist nur, ob wir diesmal – anders als bei der IT oder den *Life Sciences* – unseren Vorsprung zu nutzen wissen.

>
> Prof. Dr. Albrecht von Müller
> Parmenides Center for the Study of Thinking
> Kirchplatz 1
> 82049 München/Pullach
> Bundesrepublik Deutschland
> Tel:	+49 89 45209350
> E-Mail: Albrecht.von.Mueller@parmenides-foundation.org

Bildung mit Bologna

Holger Burckhart (Siegen)

Zusammenfassung

Neben dem Bologna-Prozess behaupten die klassischen Humboldtschen Bildungsideale ihre Bedeutung. Allerdings treffen sie auf eine veränderte Studierendenschaft von mehr als 50 % eines Altersjahrgangs mit sehr unterschiedlichen Voraussetzungen und eine unbegrenzte Verfügbarkeit von Wissen dank der technologischen Entwicklung. Dies führt mit der Hinwendung zum Bologna-Prozess zu einem veränderten Stellenwert der Hochschullehre und ihrer zunehmenden Digitalisierung. Die Hochschule kann nicht mehr auf bestimmte Tätigkeiten vorbereiten, da ihre Absolventen vielfach in Berufen arbeiten werden, die es heute noch gar nicht gibt. Die Tendenz zu steigender Komplexität in fast allen beruflichen Tätigkeiten wird sich fortsetzen und hat entsprechende Konsequenzen sowohl für die akademische als auch die berufliche Bildung.

Abstract

Traditional Humboldtian educational ideals maintain their importance alongside the Bologna Process. However, these ideals are encountering a new type of student population (made up of more than 50 % of an age cohort with very mixed prerequisites), and the unlimited availability of knowledge thanks to technological developments. With the shift towards the Bologna Process, this leads to a change in the importance of university teaching and its increasing digitalisation. The university can no longer prepare its students for certain jobs, since, in many cases, its graduates will be working in professions that currently do not exist. The tendency towards increased complexity in nearly all professions will continue and has consequences for both academic and vocational education.

1. Rückbesinnung auf Bildungsideale?

Ich halte eine Rückbesinnung auf die klassischen Bildungsideale deshalb nicht für nötig, da diese meiner Meinung nach nie aufgegeben wurden, auch wenn viele Kritiker des Bologna-Prozesses dieses oft behaupten, gerade in Deutschland. Ich bestreite natürlich nicht, dass sich die Situation der Hochschulbildung seit den Tagen Humboldts und Schleiermachers grundlegend gewandelt hat. Erstaunlich erscheint mir indes nicht, dass der klassische Bildungsbegriff der einen oder anderen Aktualisierung bedarf, sondern dass es überhaupt Sinn ergibt zu fragen, ob ein 200 Jahre altes akademisches Organisationsprinzip noch mit den Erfordernissen der heutigen Hochschullandschaft vereinbar ist.

Dies zeugt von der bemerkenswerten Vitalität dieses damals in Berlin entwickelten Konzepts. Niemand käme auf die Idee, Grundsätze zur Ausgestaltung von, sagen wir, Manufakturen aus der Frühzeit der industriellen Revolution auf heutige Unternehmen anwenden zu wollen – weil es einfach unsinnig wäre. Beim klassischen universitären Bildungsideal jedoch liegt der Fall eben anders.

Holger Burckhart

Selbstverständlich hat sich die Situation enorm gewandelt, als Folge eines seit Jahrhunderten anhaltenden Trends zu immer besserer Bildung für immer breitere Gesellschaftsschichten, der schließlich die Grundlage für unsere heutige Wissensgesellschaft schuf. Für die Hochschulen heißt das: Immer mehr Studierwillige mit immer unterschiedlicheren Voraussetzungen und Herkünften stehen vor der Tür.

Zugleich ist die Verfügbarkeit von Wissen dank der technologischen Entwicklung quasi unbegrenzt geworden. Hierauf müssen die Hochschulen reagieren, und in diesem Sinn müssen wir Bildung in der Tat neu denken. „Wenn wir wollen, daß alles bleibt, wie es ist, dann muss sich alles verändern." Dieses Paradoxon aus Tomasi DI LAMPEDUSAS Roman *Der Leopard* bezieht sich zwar auf das ländliche Sizilien des 19. Jahrhunderts, aber es beschreibt recht genau die Herausforderung, vor der die Hochschulen heute stehen: Wenn sie weiterhin ihren eigenen Ansprüchen genügen wollen, also forschungsbasierte Lehre auf hohem Niveau anbieten wollen und ihren Studierenden zugleich intellektuelle Neugierde, die Einsicht in die grundsätzliche Unabgeschlossenheit des Wissens, die Fähigkeit zur Selbstreflexion und zur Abschätzung der Konsequenzen des eigenen Tuns vermitteln wollen – dann müssen sie sich angesichts der veränderten Rahmenbedingungen in der Tat anstrengen. Und das tun sie auch.

2. Mehr Ehre für die Lehre

2.1 Der veränderte Stellenwert der Hochschullehre

Ich mache das zum einen am veränderten Stellenwert der Hochschullehre fest, und zum anderen am Einzug digitaler Elemente in die Lehre. Die Veränderungen der vergangenen Jahre haben viel mit Bologna zu tun. Bologna war gestartet mit dem Anspruch, „individuelle Studienbiographien" zu ermöglichen durch eine Zweistufigkeit der Studienmodelle (BA/MA), sinnhafte Studien- und Lernkomplexe (Module) statt *kanonischem* Rezitationswissen, prozessorientiertes Auseinandersetzen mit fachlichen Fragen, welches kritisches Fragenlernen mit der Entwicklung von Persönlichkeitskompetenzen verbinden soll – schließlich Mobilität und damit einhergehend Internationalisierung. Allerdings sollte all das auf Knopfdruck, besser: *Schalterumlegung von* HUMBOLDTS *Traditionalismus zu Bolognas „Zukunftsfeste"* erfolgen. Dass dies weder technisch, geschweige denn „mental" ohne Irritationen gelingen konnte, bedarf keiner tiefschürfenden Reflexion noch Studien.

Trotzdem ist Vieles richtig gedacht und gemacht, ist im Kontext der Auseinandersetzung mit dem angeblich traditionalistischen Humboldtschen Paradigma von Hochschule und einem fortschrittlichen Bologna-Paradigma sehr viel erreicht worden: Lehre stand plötzlich im Fokus. *Die Hinwendung zu „Bologna" bedeutete / implizierte,*

- sich auf einer *Metaebene kritisch* mit der Verankerung der Lehre in der von Forschung und Lehre getragenen Hochschule auseinanderzusetzen;
- eine Hinwendung zur Organisation von Lehre, *mithin* der Organisation von Studium, Raum, Ort und Geld;
- eine Hinwendung zu Modalitäten des Lehrens in hochschulischen Kontexten – *mithin* der Qualität der Lehre Wertschätzung zu zollen.

Ein Riesenerfolg für „Lehre"? Ja, schon! Und doch hat sich die Entwicklung unmittelbar auch zum Schlechten gewandelt. Wir haben es übertrieben oder sind zur Übertreibung getrieben worden. Man nehme nur die Vielfalt der die Hochschulen von außen steuernden Institutionen von A wie Akkreditierung bis Z wie Ziel- und Leistungsvereinbarungen. Aus Bologna-Ideen wie *Module*, *offene Lehr-Lernkonzepte*, *eigenverantwortliches Lernen* (*Selbstlernphasen*), *Soft skills* und *Studium Generale* haben wir starre Schemata gemacht, so als ob „Persönlichkeit" und „Reflexion" als Lernobjekte gesehen werden könnten, so als ob wir unsere bis 1999 vermeintlich im freien Fluss befindlichen Wissensbestände nun zu 100% *einpassen* müssten in studierbare Studienpläne.

Alles war gut gemeint, aber eine „eierlegende Wollmilchsau". *Mehr* Zeit fürs Lernen, *mehr* Zeit für kritisches Auseinandersetzen, *mehr* Zeit für eigenes Forschen, *mehr* Wissen als Wikipedia, *mehr* selbstkritische Mitdenker und -gestalter von Wissensprozessen.

Das heißt nicht, dass alles falsch war, zwischen 1999 und 2009, keinesfalls, die *Entwicklung zu* BA/MA, zu kompetenzbasierten Modulkonzepten, zu forschendem Lernen war im System angelegt – nur der *neue* Wein floss durch *alte* Schläuche – soll heißen: Wir haben *die Hochschulen nicht mitgenommen*, die Kollegen überrollt, das *System schien zur eigentlichen Macht* zu werden, dem man sich dann *eo ipso* natürlich als Hochschule widersetzt: Die Rufe nach HUMBOLDT und der *abendländischen Hochschulidee*, in denen sich Studierende, einschlägige Öffentlichkeit und Hochschule fanden, waren von daher nachvollziehbar. Sie müssen sich aber *messen lassen an der gesellschaftlichen Wirklichkeit*, die nicht mehr die Humboldtsche ist.

Wir haben mehr als 50% eines Altersjahrgangs in den Hochschulen, wir haben eine Akademisierung der meisten Berufe, wobei Akademisierung nicht meint: ohne Promotion keine Chance. Vielmehr bedeutet es: „Du musst die Strukturen des Wissensgegenstandes nachvollziehen können und das analytische Rüstzeug haben, dich mit ihren Verläufen zu befassen, sei es anwendungsorientiert oder grundlagenorientiert." Als Lernende/Lehrende haben wir hierzu unterschiedliche Neigungen und Talente, und hierzu tut es not, weiterhin eine *differenzierte und je in sich höchst professionelle Hochschullandschaft* zu haben.

2.2 Lehre und Digitalisierung

Dabei hilft uns die technologische Entwicklung der vergangenen Jahre. Die Digitalisierung bezieht sich sowohl auf administrative Hochschulprozesse als auch auf Forschung und Lehre. In Bezug auf die Hochschullehre werden immer mehr digitale Lehrformate wie MOOCs oder Video-Tutorials eingesetzt, was eine höhere Flexibilisierung, Individualisierung und Selbstorganisation der Lehre erlaubt. Zudem können die mit der Digitalisierung einhergehenden Formen innovativer Didaktik und die neuen Formate kollaborativen Lernens die konventionelle Lehre bereichern. Dabei geht es aber nicht um den vollständigen Ersatz konventioneller Lehre, sondern um die intelligente Kombination aus Alt und Neu, also um *Blended Learning*. Denn eine voraussetzungsvolle soziale Interaktion wie das Lernen benötigt ein Mindestmaß an persönlichem Vertrauen und ein Zusammenspiel verschiedener Sinneseindrücke, was insbesondere durch *Face-to-Face*-Kommunikation gewährleistet werden kann. Die klassische *Face-to-Face*-Lehre wird auch deshalb nicht vollständig durch digitale Lehr- und Lernformen zu ersetzen sein, weil der Vorbildfunktion der Lehrenden gerade im grundständigen Studium eine besondere Bedeutung zukommt: intellektuelle Begeisterung, kritischer Dialog, Persönlichkeitsentwicklung und ähnliche Lernziele werden meines Erachtens im Allgemeinen – Ausnahmen gibt es immer – besser in konventionellen Lernsettings erreicht als durch Videos. Wir alle kennen Hochschullehrerinnen und -lehrer aus unserer Studienzeit, die uns durch ihre Persönlichkeit nachhaltiger geprägt haben, als ich mir dies durch einen MOOC vorstellen kann.

Jedenfalls findet sich an den Hochschulen mittlerweile eine unüberschaubare Vielfalt an intelligenten Formen digitalen Lehrens und Lernens, und deshalb haben Hochschulrektorenkonferenz (HRK) und der Stifterverband für die Deutsche Wissenschaft eben dieses Thema zum Fokus des *Ars-legendi*-Preises 2015 gemacht, der im Oktober verliehen wird.

3. Europäischer Hochschulraum – Wie soll die Uni des 21. Jahrhunderts aussehen?

Hochschulen stehen weltweit vor ähnlichen Herausforderungen, Stichworte Internationalisierung und Globalisierung, Mobilität und Individualisierung der Studienverläufe, Diversität und Inklusion, sowie Konkurrenz durch digitale Lehrangebote, vor allem im Bereich des Lebenslangen Lernens. Ich denke, dass Europa hier, ungeachtet aller Irrungen und Wirrungen, mit dem Europäischen Hochschulraum ein Konzept zum Umgang mit diesen Fragen entwickelt hat, das weltweit aufmerksam verfolgt und auch kopiert wird.

Die offene Methode des Dialogs zwischen Regierungen, Hochschulen, Studierenden, internationalen Institutionen wie der Europäischen Kommission und dem Europarat sowie den Sozialpartnern mag oft mühsam sein und der Dialog mag mitunter anscheinend wenig zielgerichtet vor sich hinmäandern. Trotzdem denke ich, dass wir dank des Projekts des Europäischen Hochschulraums gut aufgestellt sind, um die Hochschulen des 21. Jahrhunderts gemeinsam zu entwickeln. Im Europäischen Hochschulraum diskutieren Hochschulen und Regierungen ohne einen – von wem auch immer – übergestülpten Masterplan relativ ergebnisoffen über die jeweils nächsten Schritte, und das ist gut so. Die Politik sollte im engen Dialog mit den Hochschulen nur einen rechtlichen und finanziellen Rahmen zur Bewältigung der genannten Herausforderungen setzen und den Hochschulen die konkrete Ausgestaltung überlassen. Durch unterschiedliche Strategien der Hochschulen zu spezifischen Herausforderungen wird damit auch die Diversität der Hochschullandschaft gewährleistet werden. Klar ist: Nur diversitätssensible und arbeitsteilig aufgestellte Hochschulen können den immer heterogeneren gesellschaftlichen und technologischen Entwicklungen gerecht werden.

4. Gesellschaftliche Wertschätzung der beruflichen und akademischen Bildung – Komplementarität als Prinzip

(1.) Noch nie entschieden sich in Deutschland so viele junge Menschen für eine akademische Qualifizierung wie zurzeit. *(2.)* Zugleich bleiben zahlreiche betriebliche Ausbildungsplätze unbesetzt.

An diesen beiden Nachrichten entzündete sich in den vergangenen Monaten eine teils leidenschaftlich geführte Debatte darüber, ob diese Entwicklung in die richtige Richtung geht und ob einer hochentwickelten Volkswirtschaft wie der deutschen mit mehr akademisch denn beruflich Qualifizierten wirklich besser gedient ist.

Ich halte die Frage für falsch gestellt. Das Beschäftigungssystem entwickelt sich rasant, nicht zuletzt unter dem Druck der Globalisierung fast aller Lebensbereiche. Ein Großteil der jungen Menschen wird in einigen Jahren in Berufen arbeiten, die es heute noch gar nicht gibt. Wir können sie deshalb auch nicht auf bestimmte Tätigkeiten vorbereiten und schon gar nicht voraussagen, welches das richtige Verhältnis zwischen akademisch und beruflich Qualifizierten sein wird.

Abzusehen ist allerdings, dass sich die Tendenz zu steigender Komplexität in fast allen beruflichen Tätigkeiten fortsetzen wird, und dies hat Konsequenzen sowohl für die akademische wie die berufliche Bildung. Mit seinem weltweit beachteten dualen Bildungssystem ist Deutschland in der beneidenswerten Lage, flexibel auf Bedarfe und Bedarfsänderungen in beiden Bereichen reagieren zu können.

In Zukunft muss es jedoch noch mehr darum gehen, die Übergänge zwischen beiden Bereichen zu erleichtern und zu verbessern. Flexibilität ist gefragt. Zum einen wegen der angesprochenen Unsicherheit hinsichtlich der Anforderungen: Wir können junge Menschen heute nicht mehr für einen singulären Beruf (aus-)bilden, den sie ein Leben lang ausüben werden. Stattdessen müssen wir sie auf ein sich rasch veränderndes Tätigkeitsfeld vorbereiten und ihnen als besonders wichtige Kompetenz mit auf den Weg geben, sich erfolgreich mit dem Neuen und Unerwarteten auseinanderzusetzen. Zum anderen erfordert die demographische Entwicklung in Deutschland, dass wir in den kommenden Jahren alle vorhandenen Talentreserven mobilisieren. Dazu gehört seitens der Beschäftigten die Bereitschaft zum Lebenslangen Lernen und zum Wechsel in neue Berufsfelder, denn die Bildungs- und die Erwerbsphase werden nicht mehr, wie in der Vergangenheit, aufeinander folgen, sondern sich zunehmend verschränken.

Ich halte es also für wenig zielführend, die beiden großen post-schulischen Bildungsbereiche gegeneinander auszuspielen und über vermeintlich angemessene Quoten für jeden Bereich nachzudenken. Die Hochschulen bekennen sich zur Komplementarität beider Säulen und zu ihrer Aufgabe, zunehmend individualisierte Bildungsverläufe zu unterstützen, um auch morgen den Fachkräftebedarf unserer Volkswirtschaft zu sichern.

    Prof. Dr. Holger BURCKHART
    Rektor
    Universität Siegen
    Adolf-Reichwein-Straße 2
    57068 Siegen
    Bundesrepublik Deutschland
    Tel.:   +49 271 7404858
    Fax: +49 271 7404808
    E-Mail: rektor@uni-siegen.de

Panel 1: Prof. Dr. Holger BURCKHART, Prof. Dr. Albrecht VON MÜLLER, Dr. Angela BORGWARDT (Moderation), Prof. Dr. Andrä WOLTER

Zeitgemäße Interpretation des Bildungsauftrags in einer wissensbasierten Netzwerkgesellschaft?

Ada Pellert (Berlin/Beijing)

Zusammenfassung

Wie können Hochschulen zu einer zeitgemäßen Interpretation ihres Bildungsauftrags kommen angesichts des im deutschsprachigen Raum vorherrschenden Schismas zwischen Allgemeinbildung und Berufsbildung einerseits und der Entwicklung der Gesellschaft zu einer wissensbasierten technologieorientierten Organisationsgesellschaft andererseits? Die Bildungspolitik hat darauf mit dem Konzept des Lebenslangen Lernens geantwortet. Die daraus resultierende Herausforderung für die Hochschulen ist, auf die Ansprüche sehr heterogener Studierender und diverser gesellschaftlicher Anspruchsgruppen adäquat zu reagieren und – ganz im Sinne des klassischen Bildungsideals – die Fähigkeit zur Reflexion und zur Analyse von Problemen möglichst vielen Studierenden nahezubringen. Bildung als reflektiertes Denken und darauf aufbauendes Handeln sollte sich an der Hochschule auch immer in der Verbindung von Reflexion und Aktion spiegeln.

Abstract

How can universities interpret their educational mission in a contemporary way in light of the prevailing schisms between general education and vocational education in German-speaking countries, and society's development into a knowledge-based technology-oriented organisational society? Education policy has responded with the concept of life-long learning. The resulting challenge is to be able to adequately react to the demands of very heterogeneous student and very diverse social interest groups, and – fully in line with the traditional educational ideal – put as many students as possible in touch with the ability to reflect and analyse problems. Education in the form of reflective thinking upon which one bases one's actions, should always reflect this link between reflection and action at the university.

Persönliche Vorbemerkungen

Ich habe mich sehr gefreut über die Einladung, weil ich die Idee dieses Kolloquiums für sehr spannend halte. Ich habe mich in den letzten zwei Jahrzehnten sowohl mit der Entwicklung der Theorie der Hochschulorganisation als auch mit der Praxis der Hochschulentwicklung beschäftigt. Auch wenn ich sehr gerne Bildungsmanagerin bin, so weiß ich doch – gerade vor diesem praktischen Hintergrund –, wie wichtig eine theoretische Auseinandersetzung mit den Anforderungen an Hochschulen heutzutage ist. Es bedarf eines Austausches über die handlungsleitenden Ideen, da diese essenziell im Sinne individueller und gemeinsamer Selbstvergewisserung sind. Jede Generation muss für sich den Bildungsauftrag der Hochschule zeitgemäß angesichts der gesellschaftlichen Entwicklung interpretieren. Bildung, nach Heinz-Elmar Tenorth „ein deutscher Sonderbegriff",[1] ist einer der wichtigsten Begriffe in

---

[1] Tenorth 1992, S. 469.

Ada Pellert

der pädagogischen Diskussion. Bildung schließt mehrere Bedeutungsebenen ein und bezieht sich sowohl auf den Prozess des Bildens als auch auf das Produkt, die Bildung. In diesem Sinne kann man Bildung als reflektiertes Denken und darauf aufbauendes Handeln beschreiben.[2] Bildung ist eindeutig mehr als Informationsaufnahme und Verarbeitung von Wissen, denn sie beinhaltet immer die Vorstellung der Entfaltung einer Persönlichkeit und versucht, möglichst allen menschlichen Rollen (nicht nur in der Erwerbstätigkeit) gerecht zu werden. Bildung ist somit mehr als Qualifikation und umschließt verschiedene Kompetenzen, die für den oder die Einzelne beruflich und allgemein nützlich und verwertbar sein können. Im deutschsprachigen Raum fällt das „Schisma" (BAETHGE 2006) zwischen Allgemeinbildung und Berufsbildung auf: Beide Bereiche der Bildung werden in getrennten Institutionen „verwaltet" mit unterschiedlichen Theorien und Zugängen, und die Durchlässigkeit zwischen diesen Bereichen ist nur gegen große Widerstände zu organisieren. Aus einer gesellschaftlichen Perspektive betrachtet löst sich diese Dichotomie von allgemeiner und Berufsbildung heute immer mehr auf, denn ursprünglich berufliche Inhalte werden zu allgemeinbildenden, und es kommen neue Kompetenzen hinzu, die nicht mehr der einen oder anderen Seite zuzuordnen sind.[3] Das macht eine Diskussion des für die Hochschulen handlungsleitenden Bildungsbegriffes besonders notwendig.

Um die Frage unserer handlungsleitenden Ideen im Sinne einer konstruktiven zukunftsfähigen Weiterentwicklung von Hochschulorganisationen positiv beantworten zu können, ist eine Auseinandersetzung mit einem zeitgemäßen Verhältnis von Theorie und Praxis vonnöten. Auch wird bei vielen Bildungs- und Hochschulreformen der letzten Jahre die Frage nach dem „Warum?" zu selten gestellt bzw. zu wenig intensiv miteinander diskutiert. Nehmen Sie als Beispiel die Bologna-Reform: Sie kann als eine Reform der Bildungsministerinnen und -minister, vielleicht auch der europäisch vernetzten Hochschulpräsidien angesehen werden; auf der Ebene der einzelnen Hochschulen ist die Frage nach dem „Warum?" aber ungenügend behandelt worden. Das Ergebnis ist eine halbherzig umgesetzte, rein strukturell betriebene und im Sinne einer Verordnung durchgeführte Reform, deren innere Notwendigkeit oder Sinnhaftigkeit zu selten rückgebunden worden ist an die Überzeugungen der einzelnen Hochschullehrenden. Darunter hat die Innovationskraft der Reformen gelitten, und nun sind sowohl Befürworter als auch Gegner eher unglücklich mit dem bislang Umgesetzten.

Eine Verständigung darüber, wie wir den Bildungsauftrag und damit die Aufgabe von Hochschulorganisationen heute verstehen, welche Anforderungen wir im gesellschaftlichen Umfeld sehen, ist eine wesentliche Voraussetzung für die Gestaltung von Bildungs- und Forschungseinrichtungen, für Bildungspolitik und die Weiterentwicklung des Bildungssystems insgesamt.

1. Das Bild der Gesellschaft

Im Sinne dieser Verständigung müssen wir uns auch über unser Bild der Gesellschaften verständigen, in die die Hochschulen jeweils eingebettet sind. Ich möchte einige Aspekte besonders hervorheben: Zum einen ist Wissen ein Produktionsfaktor geworden. Die Wissensintensität der Wirtschaftsproduktion hat ungemein zugenommen. Schon aus rein ökonomischen

---

2 Vgl. GRUBER o. J.
3 Vgl. GRUBER o. J.

Gründen ist es heute wichtig, Verbindungen zu den Quellen des neuen Wissens zu haben und damit zur Forschung. Denn Forschungs- und technologiebasierte Produktion macht einen Großteil der Wirtschaftsleistung aus, und die Technologiebasierung und Globalisierung unserer Gesellschaft durchdringen alle gesellschaftlichen Bereiche. Zudem haben wir es in großen Teilen Europas mit alternden Gesellschaften zu tun, wodurch das Thema Demographie gerade für den Bildungssektor enorm wichtig geworden ist. Wir nehmen alle gesellschaftlich wichtigen Aufgaben überwiegend in Organisationen wahr und müssen uns daher, um diese Aufgaben bewältigen zu können, auch mit der Eigenlogik von Organisationen auseinandersetzen. Weiter möchte ich das große Ausmaß der Migration und die hohe Veränderungsgeschwindigkeit der Gesellschaft ebenfalls als Besonderheiten der gesellschaftlichen Entwicklung bezeichnen, die unmittelbare Auswirkung auf das Bildungsgeschehen haben. Wissen, Lernen und Bildung haben auch aus ökonomischer Sicht zentrale Bedeutung gewonnen. Das erklärt das zunehmende Interesse der allgemeinen Öffentlichkeit und der Politik an Wissenschaft und an Bildungseinrichtungen. Hatte man sich vor 15 Jahren noch über mangelndes Interesse wichtiger gesellschaftlicher Anspruchsgruppen am Bildungsbereich beklagen können, so ist das heute keineswegs mehr der Fall. Der Bildungsbereich leidet eher schon unter dem Interesse von zu vielen Anspruchsgruppen, die jeweils auch ihre je eigenen Ansprüche anmelden und daher die Hochschulen mit immer neuen Aufgaben konfrontieren. Im Allgemeinen wird diese Entwicklung von vielen Hochschulen als wachsender Druck empfunden. Lassen Sie es uns aber eher als Ausdruck der für viele Bereiche gesellschaftlicher Entwicklung zunehmenden Bedeutung von Wissenschaft, Bildung, Forschung und Lernen deuten.

2. Reaktionen der europäischen Bildungspolitik

Die europäische Bildungspolitik hat auf diese demographischen, ökonomischen, politischen, sozialen und interkulturellen Aspekte der gesellschaftlichen Entwicklung mit dem Konzept des Lebenslangen Lernens reagiert. Dieses Konzept hat eine zweifache Wurzel: Zum einen ist es in der zunehmenden sozioökonomischen Bedeutung von Wissen und Bildung begründet und betont daher insbesondere die Beschäftigungsfähigkeit und ein hohes Qualifikationsniveau großer Teile der Bevölkerung als essenziell für eine weitere positive wirtschaftliche Entwicklung Europas. Zum anderen ist aber die zweite Wurzel des Konzepts des Lebenslangen Lernens ebenso von Bedeutung: Die aktive Teilhabe in einer derart konfigurierten Gesellschaft ist nämlich ebenfalls davon abhängig, wie einfach der Zugang zu Bildung für große Teile der Bevölkerung ist und wie sehr es gelingt, ihnen auch die Partizipation an einer wissensbasierten technologieorientierten Organisationsgesellschaft zu ermöglichen. Das Konzept des Lebenslangen Lernens betont daher insbesondere die folgenden Aspekte.

2.1 Die Lebensphasenorientierung

Heutzutage wird nicht eine Bildungs- und Ausbildungsphase von einer Erwerbsphase abgelöst, sondern es geht in der modernen Gesellschaft darum, immer neue Mischverhältnisse zwischen Berufs-, Privat- und Bildungsleben herzustellen, um das Leben in der wissensbasierten Gesellschaft individuell und organisational gut meistern zu können. Hierzu gehört auch die Frage nach dem Ausgangs- und Bezugspunkt von Bildungs- und Lernarrangements.

2.2 Lernende in den Mittelpunkt stellen

Das Konzept des Lebenslangen Lernens betont das Individuum, das seinen Weg finden muss in dieser komplexen Gesellschaft und das dafür viel Unterstützung braucht. Daher ist das Konzept der *Lifelong Guidance* ein integraler Bestandteil dieses Konzepts. Es geht darum, von den Lernenden aus zu denken, die sich zudem an verschiedenen Lernorten befinden und die miteinander verknüpft werden müssen; die Einzelne/der Einzelne muss begleitet werden auf ihrer/seiner lebenslangen Reise durch das Bildungsgeschehen.

2.3 Kompetenzorientierung

Das ist ein anderes zentrales Schlagwort des Lebenslangen Lernens. Im Sinne einer Erweiterung von Wissen und Qualifikation bedeutet Kompetenz, den Aspekt der Handlungsfähigkeit besonders in den Blick zu nehmen und Menschen tatsächlich zu befähigen, handlungsfähig angesichts der modernen gesellschaftlichen Umbrüche zu bleiben. Das führt zu einem weiteren Prinzip: der Förderung durch Teilnahme.

2.4 Die Förderung der Teilnahme

Es ist klar, dass nicht alle Individuen die gleichen Voraussetzungen haben, einen Zugang zu Bildung zu finden. Das Konzept des Lebenslangen Lernens macht es erforderlich, insbesondere auf jene Zielgruppen zu achten (u. a. die bildungsfernen, ökonomisch schwachen Angehörigen der Gesellschaft), die besondere Unterstützung dabei brauchen, ein adäquates Mischverhältnis zwischen Bildungs-, Privat- und Berufsleben und damit die Voraussetzung für ein gelingendes modernes Leben zu erreichen. Institutionell setzt das Konzept des Lebenslangen Lernens auf eine Kombination von Angebots- und an Institutionen orientierten sowie Nachfrage-/Lerner-orientierten Ansätzen, etwa auch in der Finanzierung. Diese sozialpolitische Dimension ist genauso wichtig wie die bildungsökonomische, um eine Spaltung der Gesellschaft in „immer weniger, die immer mehr wissen", und „immer mehr, die immer weniger wissen", zu verhindern. Auf diesem Weg zur Synthese der Gesellschaft beizutragen, ist eine besondere Anforderung an die Bildungssysteme.

2.5 Herausforderungen für die Individuen

Diese gesellschaftliche Umgebung fordert vom Individuum eine erhöhte Bereitschaft zur Übernahme von Verantwortung und zu Reflexion im Sinne der Steuerung des eigenen Bildungslebens. Das wiederum erfordert eine enorme persönliche Investition und Lernbereitschaft über einen langen Zeitraum hinweg und ebenso die Bereitschaft, immer wieder Entscheidungen zu treffen, da es keine lineare Abfolge zwischen (Aus-) Bildung und Beruf mehr gibt. Eine besondere Gefahr ist die der gesellschaftlichen Exklusion: Wenn man den Einstieg in eine derartig von Lernen, Bildung und Weiterbildung geprägte Gesellschaft nicht gefunden hat, besteht die reale Gefahr, persönlich und beruflich von der Teilhabe ausgeschlossen zu werden. Zudem sind die Anforderungen an die einzelnen Arbeitsplätze enorm gestiegen. Einfache Tätigkeiten stehen in immer geringerem Ausmaß zur Verfügung. Ohne Bildung kann man so leicht aus dem gesellschaftlichen Zusammenhalt herausfallen.

2.6 Herausforderungen für die Hochschuleinrichtungen

Die massiven Veränderungen, mit denen sich die Hochschulen konfrontiert sehen, erfahren diese als zunehmenden Druck infolge einerseits steigender Ansprüche und immer komplexer werdender Aufgaben bei andererseits gleichgebliebenen Ressourcen, Qualifikationen und Belohnungsmechanismen.

Zunächst ist eine institutionsinterne Verständigung über diese Aufgaben notwendig: Wie soll und kann die eigene Einrichtung darauf reagieren? Wer sind eigentlich die eigenen Studierenden, in welchen Lebensumständen bewegen sie sich, mit welchen Erfahrungen kommen sie an die Hochschule? Was heißt es, mit einer derartigen Heterogenität und Vielfalt umzugehen?

Und was bedeutet die Forderung nach Durchlässigkeit für das eigene Verständnis des Verhältnisses von Theorie zu Praxis? Didaktisch bedeuten diese Herausforderungen, dass man insbesondere zielgruppenspezifische und lernerzentrierte Ansätze wählen und ausbauen muss, dass Beratung und Guidance zu essenziellen Aufgaben von Hochschulen werden, um Hochschulstudierende sowie Absolventen und Absolventinnen auf ein gelingendes Leben in dieser Gesellschaft des Lebenslangen Lernens vorzubereiten, kurz: eine Umstellung von der Lehre zum Lernen und einer Outcome- und Lernergebnisorientierung. Diese wiederum führt zu veränderten Rollen der Lehrenden. Aber auch der Modus der Wissensproduktion hat sich geändert. Wissen wird heute an vielen Orten der Gesellschaft erzeugt, und es ist für die Hochschulen von enormer Bedeutung – damit sie nicht in die intellektuelle Isolation geraten –, Verbindungen zu diesen verschiedenen Orten der gesellschaftlichen Wissensproduktion aufrechtzuerhalten. Das wiederum hat Konsequenzen für die Formen und Akteure der Qualitätssicherung. Das, was gute akademische Arbeit ist, wird heute multidimensionaler definiert, und entsprechend müssen auch die Anreiz- und Belohnungsmechanismen für die Hochschulen hier angepasst werden.

2.7 Alte und neue Definitionen

Die Ausgangsfrage dieses Kolloquiums war ja die Frage, ob wir Bildung neu definieren oder uns vielmehr auf die klassischen Bildungsideale rückbesinnen müssen. Bevor ich auf diese Frage eingehe, möchte ich kurz beleuchten, was gutes Lernen in meinen Augen benötigt, denn ich persönlich bin der Meinung, dass für den Umstand, dass Hochschulen Bildungseinrichtungen sind, sie sich zu wenig mit der Frage befassen, was gutes Lernen braucht. Wenn man versucht, die verschiedensten Zugänge sowohl der Pädagogik als auch etwa der Gehirnforschung zusammenzufassen, so sind es meistens folgende Aspekte, die im Zusammenhang mit guten Voraussetzungen für Lernen genannt werden: Zum einen braucht es zunächst vor allem Bildungsmotivation. Kompetenzentwicklung ist ja ein intrapersonaler Vorgang, eine Person, die nicht motiviert ist zu lernen, wird selten auch tatsächlich lernen. Des Weiteren brauchen wir eine Anbindung an unsere Erfahrungen. Neue Lerninhalte können dann am besten aufgenommen werden, wenn wir sie verknüpfen können mit jenen Erfahrungen, die wir schon gemacht haben, diese also durch Lernen erweitern. Gutes Lernen braucht auch immer Emotionalität – positive oder negative – als eine Art emotionalen Anker, um das Gehörte tatsächlich verarbeiten zu können.[4] In der Pädagogik ist etwa das Bild der Trias von Kopf,

---
[4] Vgl. Erpenbeck 2014.

Ada Pellert

Hand, Herz (nach Pestalozzi)[5] gewählt worden, um auch eine gewisse Ganzheitlichkeit des Lernprozesses zum Ausdruck zu bringen: Kognitive Inhalte, die quasi an den Kopf gerichtet sind, die aber in Lernumgebungen ausprobiert werden können, in denen wir sie auch begreifen lernen (Hand), und die mit emotionaler Labilisierung (Herz) verbunden sind, schaffen die besten Voraussetzungen für gute Lernerfahrungen. Das sind alles keine neuen Vorstellungen, sie werden an den Hochschulen aber bislang nur wenig gelebt bzw. umgesetzt. Das wiederum steht im Zusammenhang mit den Strukturen und Anreizen an Hochschulen, die kognitiv-fachliche Lerninhalte bevorzugen. Insgesamt habe ich die Beobachtung gemacht, dass es an Hochschulen wesentlich leichter ist, in Symposien einen Konsens über die Multidimensionalität des Bildungsbegriffes zu erzielen, als diese in den eigenen Strukturen dann auch adäquat umzusetzen.

2.8 Alte und neue Werte

Bevor wir über neue Bildungsideale diskutieren, wäre es gut, eine Verständigung darüber zu erzielen, was wir eigentlich mit dem traditionellen universitären Bildungsbegriff assoziieren. Ich sehe als klassische Bildungsideale universitärer Hochschulbildung u. a. Analysefähigkeit, Diskursfähigkeit, Reflexionsfähigkeit, Methodenkompetenz.

Stellen wir nun diese klassischen universitären Fähigkeiten der gesellschaftlichen Situation gegenüber, so glaube ich, dass sie aktueller denn je sind. Auch die berufsvorbereitende Kompetenzentwicklung für Hochschulabsolventen ist ja vor allem darin begründet, dass die Absolventen und Absolventinnen entsprechende Fähigkeiten zur Reflexion, zur Analyse von Problemen entwickelt haben, dass sie in der Fähigkeit zum fachübergreifenden und damit Professionen übergreifenden Diskurs geschult wurden, dass sie eine Methodenkompetenz erworben haben, die sie auch zur Entwicklung neuer Methoden im Sinne einer kreativen Problemlösung befähigt.

Ich sehe jedenfalls in ganz unterschiedlichen Anspruchsgruppen eine breite gesellschaftliche Akzeptanz für diesen ganzheitlichen Bildungsbegriff unter Auflösung der Dichotomie zwischen allgemeiner Bildung und beruflicher Bildung. Es wächst eine gewisse Einsicht in die Notwendigkeit von Allgemeinbildung, die auch dadurch zum Ausdruck kommt, dass zum Beispiel große Firmen, etwa um die Bildungsmotivation zu erhöhen und Menschen auch im fortgeschrittenen Alter für Lernen zu begeistern, Weiterbildung nicht nur mit engen beruflich vorgegebenen Inhalten anbieten, sondern ihre Mitarbeitenden frei wählen lassen, damit Menschen überhaupt wieder einen Zugang zum Lernen finden. Die Auflösung der Grenze zwischen berufsbezogener beruflicher Bildung einerseits und Allgemeinbildung andererseits ist auch im raschen Wandel der Gesellschaft begründet, der es einfach gar nicht mehr möglich macht, die Qualifikationen, die morgen gebraucht werden, treffsicher vorauszusagen. Auch aus diesem Grund ist ein Rückbezug auf sogenannte Schlüsselkompetenzen – in einem gewissen Sinn ein anderes Wort für Allgemeinbildung – zu beobachten. Selbst im engsten betrieblichen Umfeld wächst die Erkenntnis, dass die verschiedenen Bildungsstufen vor allem darauf achten müssen, dass Lernen lustvoll bleibt, dass Bildungsmotivation gegeben ist, dass man in der Lage ist, sich eigenständig neue Inhalte zu erarbeiten und eigenständig Probleme zu analysieren. In besonderem Maße gilt dies natürlich für die Erwartungen an die Hochschulabsolventen und -absolventinnen. Wesentlich ist ein erhöhtes Maß an Hand-

---

5 Vgl. Raithel et al. 2012.

lungsfähigkeit und Orientierungswissen, um nicht paralysiert zu werden von den komplexen Entwicklungen der modernen Gesellschaft. Persönlichkeitsbildung durch Bildung, Bildung durch Wissenschaft, das Stiften und Herstellen von Zusammenhängen, das mit dem klassischen Bildungsideal assoziiert wird, ist heute gesellschaftlich wichtiger denn je, um angesichts der enorm erhöhten Komplexität nicht die eigene Handlungsfähigkeit zu verlieren. In diesem Sinne ist Allgemeinbildung auch für den Arbeitsmarkt brauchbar geworden, sie dient als Grundlage ständiger Anpassung an neue ökonomische Bedingungen und ist damit auch zu einer Art beruflicher Bildung geworden.[6] Selbst wenn man das alles kritisch hinterfragen kann und natürlich ein ökonomischer Imperativ spürbar ist, kristallisiert sich doch heraus, dass die klassischen universitären Tugenden nicht über Bord geworfen werden müssen, sondern vielmehr auf ihre Verwirklichung im realen Alltag einer Massenhochschule warten.

2.9 Blick auf den hochschulischen Status quo

Blickt man nun auf die tatsächliche Verfassung hochschulischer Lehre, so fällt eine Konzentration auf die fachliche Ebene und eine Betonung der kognitiven Kompetenz auf. Hochschulische Lehre ist darin geübt, auf die inhaltlich-disziplinäre Ebene zu fokussieren. Selten steht die methodische Ebene im Sinne von Metakompetenzen oder gar sozial-kommunikativen, personalen Kompetenzen im Vordergrund, zumindest nicht als explizites curriculares Ziel, sondern eher eine unbeabsichtigte Nebenwirkung eines Hochschulstudiums. Auch steht die traditionelle Rolle der Lehrenden nach wie vor im Vordergrund, der Umstieg zum „Lernprozessbegleiter", zum „Facilitator" oder was immer die modernen Begriffe für die geänderte Rolle der Hochschullehrenden sein mögen, finden sich im hochschulischen Alltag selten wieder. Dies ist nicht nur durch mentale Vorstellungen der handelnden Personen selbst bedingt, sondern auch durch unzureichende institutionelle (z. B. Indikatoren, nach denen die Lehre finanziert wird) und individuelle (z. B. Karrierekriterien, die über eine akademische Karriere entscheiden) Anreizstrukturen. Im gesellschaftlichen Hintergrund gibt es zudem noch eine äußerst kontroverse Diskussion über die gesellschaftlichen Auswirkungen der Akademisierung. Den einen ist sie längst schon zu weit gegangen, und sie sehen wenig gesellschaftlichen Sinn in einer zunehmenden Akademisierung.[7] Die anderen sehen zwar die Notwendigkeiten, aber sie orten eine hohe Dominanz klassischer universitärer Bildungsideale im Sinne einer Orientierung an der Ausbildung wissenschaftlichen Nachwuchses und gründen ihre Zweifel an der Akademisierung auf diesen Umstand. Jedenfalls haben die Dimensionen der erreichten Akademisierung noch nicht zu adäquaten Reformen der hochschulischen Lehre geführt. Die Bologna-Reform ist, wie schon gesagt, eher technokratisch umgesetzt worden. Die „Tiefendimensionen" des Bologna-Prozesses, die eigentlich eine Fokussierung auf Lebenslanges Lernen, auf Outcome-Orientierung und Kompetenzorientierung, auf ein mehrmaliges „Kommen und Gehen" an die und von der Hochschule und auf den „shift from teaching to learning" bedeuten, sind meist nicht angekommen in den Hochschulen. Im deutschsprachigen Raum ist die Kluft zwischen Allgemeinbildung und Berufsbildung nach wie vor zu beobachten, auch dadurch bedingt, dass die Bereiche institutionell sehr stark getrennt sind und einander mit einem gewissen Misstrauen begegnen. Die Bedeutung der geänderten gesellschaftlichen Rahmenbedingungen und die noch nie dagewesene Diversität von Studierenden und von Bil-

---

6 Vgl. Gruber o. J.
7 Vgl. Nida-Rümelin 2014.

dungszielen der Hochschule für die hochschulische Lehre sowie ihr Theorie-Praxis-Verhältnis, sind hingegen selten Gegenstand universitärer Diskurse. Die mannigfaltigen Ansprüche an moderne Hochschulen sind wahrscheinlich auch nur durch eine Differenzierung im Inneren zu bewältigen, unter Beibehaltung der didaktischen Besonderheit von Hochschulen, die in der Verbindung von Forschung und Lehre besteht. Daher haben beispielsweise Hochschulen im Ausland, die sich schon länger mit sehr diversen Studierendenpopulationen und der gesellschaftlichen Durchlässigkeit – auch aufgrund anderer Bildungstraditionen – befassen, auch oft zu *School*-Konzepten gefunden, die es leichter ermöglichen, die Lebensphasen und bildungsbezogenen unterschiedlichen Bildungsziele zu realisieren.

3. Fazit

Die zentrale Herausforderung für die hochschulische Lehre besteht sicher darin, die Besonderheiten der Hochschullehre – ein bestimmtes Maß an Reflexivität als Besonderheit von wissenschaftlicher Bildung – zu verbinden mit den Ansprüchen sehr heterogener Studierender und vielfältiger gesellschaftlicher Anspruchsgruppen. Diese lernerzentrierte Verschränkung von Aktion und Reflexion ist *die* große didaktische Herausforderung für die Hochschule des 21. Jahrhunderts, auch um die Kluft zwischen Allgemeinbildung und beruflicher Bildung zu verringern und zu zeigen, dass die klassischen hochschulischen Bildungsziele ihren Wert auch in der Reflexion praktischer Situationen entfalten können. Analytische und diskursive Kompetenzen sowie Methodenkompetenzen können auch an den tatsächlichen lebensweltlichen Umfeldern der Studierenden eingeübt werden und das Ihre dazu beitragen, das Schisma der deutschsprachigen Bildungslandschaft ein Stück weit zu verringern und gleichzeitig die Besonderheit hochschulischer Lehre, die ja auch in ihrer Forschungsbasierung besteht, im Sinne des forschenden Lernens und der Einübung von Argumentationsfähigkeit tatsächlich so zur Anwendung zu bringen, dass sie vielen Studierenden und nicht nur einer kleinen Auswahl nahegebracht werden. Studierende müssen als erwachsene Lernende in verschiedenen Phasen ihres Lebens begriffen werden, und als Reaktion darauf – jeweils phasenadäquat – die Besonderheiten der hochschulischen Lehre mit den jeweiligen Erfahrungen der Lernenden verknüpft werden.

Die Diversität der Gesellschaft, die die Hochschulen umgibt, kann die Hochschule nur dann gut abbilden, wenn sie in sich selbst divers und in der Lage ist, auf diese Heterogenität mit einer hochschuladäquaten Antwort zu reagieren. Diese integrative und zugleich vielfältige hochschulische Bildungsmission lässt sich daher vermutlich nur durch eine Differenzierung im Inneren erfüllen, die sowohl eine Differenzierung der Organisationsformen und der Profile als auch der Rollen der Lehrenden beinhaltet. Gleichzeitig muss sich aber die didaktische Besonderheit der Verbindung von Reflexion und Aktion an der Hochschule in allen diesen verschiedenen Ausformungen und Rollen (möglicherweise in unterschiedlichen Mischverhältnissen) widerspiegeln. Die moderne Hochschule muss sich als ein spezifischer reflexiver Knoten in einer wissensbasierten Netzwerkgesellschaft begreifen. Wenn man unter Bildung reflektiertes Denken und darauf aufbauendes Handeln begreift, dann ist dies nach wie vor das zentrale Bildungsziel gerade auch hochschulischer Bildung.

Die Differenzierung in den Rollen bedeutet auch, dass phasenweise Schwerpunktsetzungen für die Hochschullehrenden möglich sein müssen. Im Inneren über differenzierte Organisationsformen (z. B. *Schools*) zu verfügen, hilft bei der Ausbildung eines bestimmten Profils.

Gleichzeitig muss aber das Gemeinsame der hochschulischen Einrichtung in allen ihren Teilen gepflegt werden. In vielen gesellschaftlichen Gruppen lässt sich ein breiter Konsens hinsichtlich traditioneller Werte hochschulischer Ausbildung und ihrer Notwendigkeit feststellen, wobei sie durchaus von unterschiedlichen Ausgangspunkten zu dieser Überzeugung gelangen. Die jeweilige Institution muss diesen Umstand für sich in gemeinsame Leitvorstellungen übersetzen, die auch Orientierung in einem sehr komplexen Hochschulalltag ermöglichen. Dabei müssen die hochschulischen und individuellen Anreize, Prozesse und Strukturen diese Leitvorstellungen dann auch tatsächlich unterstützen und dürfen sie nicht konterkarieren (wie z. B. durch Publikationslisten als einziges Karrierekriterium). Mehr noch: Bildungspolitische Schwerpunktsetzungen, die mit Ressourcen verbunden sind, müssen es den Hochschulen auch hinsichtlich der Ressourcen möglich machen, diese Leitvorstellungen tatsächlich zu leben. Die zeitgemäße Übersetzung der traditionellen hochschulischen Bildungsvorstellungen ist also in meinen Augen kein Definitionsproblem und auch kein Problem unterschiedlicher Ideologien, sondern vor allem ein Umsetzungsproblem. Es ist anstrengend, es erfordert eine Änderung in den Strukturen, Prozessen und Einstellungen. Es geht darum, einen internen institutionellen Konsens über die Vorstellungen guter Bildung im 21. Jahrhundert in der eigenen Einrichtung herzustellen und dann Rahmenbedingungen zu schaffen, die auch die Umsetzung ermöglichen. Wenn aber eine Einrichtung sich auf den Weg macht, um dieses zu tun, wird sie dafür viel positive gesellschaftliche Aufmerksamkeit bekommen.

Literatur

Baethge, M.: Das deutsche Bildungs-Schisma: Welche Probleme ein vorindustrielles Bildungssystem in einer nachindustriellen Gesellschaft hat. SOFI-Mitteilungen Nr. *34*, Dezember 2006, 13–27 (2013)
Erpenbeck, J.: 2. Brief. In: Arnold, R., und Erpenbeck, J. (Hrsg.): Wissen ist keine Kompetenz. Dialoge zur Kompetenzreifung. S. 9–20. Baltmannsweiler: Schneider Hohengehren 2014
Gruber, E.: Kurze Geschichte des Bildungsbegriffs. o. J.
http://files.adulteducation.at/wba/1-Gruber_Elke_Bildung.pdf (Zugriff 11. Februar 2015)
Nida-Rümelin, J.: Der Akademisierungswahn: Zur Krise beruflicher und akademischer Bildung. Hamburg: Körber-Stiftung 2014
Raithel, J., Dollinger, B., und Hörmann, G.: Einführung Pädagogik: Begriffe – Strömungen – Klassiker – Fachrichtungen. Opladen: VS 2012
Tenorth, H.-E.: Geschichte der Erziehung. 2. Aufl. Weinheim, München: Juventa Verlag 1992

    Prof. Dr. Ada Pellert
    Präsidentin Carl Benz Academy
    Carl Benz Academy
    Tower B, 2nd Floor
    8 Wangjing Street
    Chaoyang District
    Bejing 100102
    P. R. China
    E-Mail: ada.pellert@benz-academy.org

Panel 2: Prof. Dr. Sabine Doering

Panel 2: Prof. Dr. Ulrich Radtke

Panel 2: Prof. Dr. Ilka Parchmann

2. Wandel der Wissenschaftskultur

Traditionelle Formen des Lehrens und Lernens – Was können sie heute leisten?

Sabine DOERING (Oldenburg)

Zusammenfassung

Traditionelle Formen des universitären Unterrichtens scheinen heutzutage ein wenig aus der Mode gekommen zu sein, wo *Blended Learning* zu einem festen Bestandteil vieler Studiengänge geworden ist. Das Plädoyer für die traditionellen Formen des Lehrens und Lernens sollte jedoch weder als Ausdruck einer nostalgischen Sehnsucht nach dem Vergangenen noch als reflexhafte Abwehr alles Neuen missverstanden werden. Die hier vorgestellten Thesen konzentrieren sich auf die herkömmlichen Formen der universitären Lehre mit dem Ziel, bekannte Formen der Wissens- und Kompetenzvermittlung an unseren Hochschulen im Lichte aktueller Herausforderungen neu zu überdenken.

Abstract

Traditional forms of university teaching – lectures, seminars, and tutorials that require student presence, a set program, a fixed workload of independent learning, and above all direct interaction between teacher and student – seem to have gone slightly out of fashion at a time when *blended learning* has become a set component of many courses of study and MOOC – Massive Open Online Courses – are being tested at German universities as a model for business and teaching. My argument in favour of these traditional forms of teaching and learning should not be mistaken as nostalgia nor as a rejection of everything new. Much was not fine in the much-lauded "good old days," a time that, according to many, ended with the introduction of modular courses of study. The following theories concentrate on conventional forms of university teaching. Their aim is to rethink recognised ways of imparting knowledge and competencies at our universities in the light of current and pressing challenges.

Traditionelle Formen des universitären Unterrichtens – Vorlesungen also, Seminare und Übungen mit Anwesenheitspflicht, einem verbindlich vorgegebenen Programm, einem festen Pensum für die selbstständige Arbeit und vor allem mit der direkten Interaktion von Lehrenden und Lernenden – das alles scheint heutzutage ein wenig aus der Mode gekommen zu sein, wo *Blended Learning* zu einem festen Bestandteil vieler Studiengänge geworden ist und MOOCs – *Massive Open Online Courses* – auch an deutschen Hochschulen als Unterrichts- und Geschäftsmodell erprobt werden.

Mein Plädoyer für diese traditionellen Formen des Lehrens und Lernens sollte weder missverstanden werden als Ausdruck einer nostalgischen Sehnsucht nach dem Vergangenen noch als reflexhafte Abwehr alles Neuen. Dafür war in der vielbeschworenen „guten alten Zeit", die in der Perspektive vieler ja erst mit der Einführung der modularisierten Studiengänge beendet wurde, zu vieles nicht in Ordnung – überfüllte Hörsäle gab es schon immer; gerade in den Geisteswissenschaften waren das Fehlen eines strukturierten Curriculums sowie ein mangelhaftes Feedback zu den Studienleistungen oft die Ursache für ein überlanges Studium und die Panik, dass manche Studierenden erst im Examen merkten, was sie alles nicht gelernt hatten und wie wenig ihre Kenntnisse den Anforderungen ihrer Fächer entsprachen. Das konnte zu berechtigter Frustration führen. Ebenso wenig möchte ich meine Überlegungen als grundsätzliche Ablehnung aller neuen Lehr- und Lernformen verstanden wissen. Im Gegenteil: Die Hochschuldidaktik hat in den letzten Jahren endlich auch an deutschen Hochschulen aufgeholt; Zertifizierungsprogramme mit Angeboten für Lehr- und Prüfungssituationen sind nicht nur für Nachwuchswissenschaftler ein Gewinn; und die Einsicht in die Notwendigkeit guter akademischer Lehre hat endlich auch Einzug in viele Berufungskommissionen gefunden – bedauerlicherweise aber noch nicht überall.

Dennoch konzentrieren sich die folgenden Thesen auf die herkömmlichen Formen der universitären Lehre. Ihr Ziel ist es, bekannte Formen der Wissens- und Kompetenzvermittlung an unseren Hochschulen im Lichte aktueller Herausforderungen neu zu überdenken. Auch wenn sich meine Überlegungen grundsätzlich auf keine besonderen Fächer und Fachkulturen beziehen, haben sie sich doch vor meinem spezifischen fachlichen Hintergrund herausgebildet. Als Germanistin, genauer: als Literaturwissenschaftlerin, forsche und lehre ich seit über 25 Jahren in einem sogenannten Massenfach an verschiedenen Universitäten im In- und Ausland. Ein Schwerpunkt meiner literaturwissenschaftlichen Arbeit ist die Zeit der deutschen Klassik, also die Wende vom 18. zum 19. Jahrhundert. Ich habe mich intensiv mit den Bildungsgängen Hölderlins und seiner Zeitgenossen – Hegel, Schelling, Kleist, Goethe, Schiller, Novalis – beschäftigt. Die dabei gewonnenen Einsichten in intellektuelle Reifungsprozesse und in die Auseinandersetzungen, die gerade sehr selbstständige Geister mit oft rigiden Formen der akademischen Ausbildung zu durchstehen hatten, prägen unweigerlich auch meine Erfahrungen mit dem heutigen Universitätssystem. Dennoch liegt es mir fern, eine schlichte Restitution der Humboldtschen Universität zu wünschen oder auch nur für möglich zu halten. Meine Erfahrungen in verschiedenen Ämtern der Fakultäts- und Universitätsleitung haben mir vielmehr die mannigfachen Herausforderungen und die Vielfalt des heutigen akademischen Lehrbetriebs immer wieder vor Augen geführt. Vor diesem Hintergrund verstehe ich die folgenden Thesen als zwar zugespitzte, aber doch praktikable Grundsätze für universitäre Lehre allgemein.

1. Traditionelle Formen des Lehrens und Lernens sind auch in der heutigen Universität zentral und unersetzbar.

Diese Feststellung zielt nicht auf die Frage von Inhalten und auch nicht auf die Auswahl von Lern- und Lehrmedien. Im Gegenteil: Der Nutzen moderner elektronischer Lern-Management-Systeme und des computergestützten Lernens ist vielmehr für alle Fächer und Disziplinen groß und sollte noch systematischer in unseren Universitäten genützt werden. Hier liegt noch ein großes Potenzial für die Programme zum Hochschulausbau. Es wird wohl noch eine Zeit dauern, bis es zur Selbstverständlichkeit geworden ist, dass alle Seminarräume, auch die in alten Unterrichtsgebäuden, mit einem bequemen Internetzugang ausgestattet sind, bis Beamer und Dokumentenkamera überall zur Grundausstattung gehören und die oft beschworene Medien- und Internetkompetenz ganz selbstverständlich zu den Curricula aller universitären Fächer gehört. Der Problematik von Wikipedia-Artikeln beispielsweise, die vielen unserer Studierenden, gerade in den Anfangssemestern, oft nicht bewusst ist, lässt sich am besten dadurch begegnen, wenn ein solcher Artikel umstandslos und für alle im Hörsaal sichtbar aufgerufen werden kann und seine Schwächen gemeinsam, unter kundiger Anleitung, diskutiert werden – und womöglich sogar gemeinschaftlich, als Ergebnis eines gelingenden Unterrichts, korrigiert werden können.

Aber natürlich geht es auch ohne Wikipedia. Lern-Management-Systeme sind in jedem Fall ein ausgezeichnetes Mittel der Kommunikation und des unkomplizierten und direkten Austausches zwischen Lehrenden und Studierenden sowie der Bereitstellung von Materialien. Auf diese Möglichkeiten zu verzichten heißt den Nutzen moderner technologischer Entwicklungen zu ignorieren.

Zudem: Universitäre Curricula müssen regelmäßig überprüft und gegebenenfalls erneuert werden. Das modularisierte System ermöglicht gute Chancen dafür, wenn es mit Augenmaß genutzt wird und nicht zu kleinteilige Vorgaben macht. Auch die universitären Gremien, insbesondere die Studienkommissionen auf fakultärer Ebene, können ein sinnvolles Instrument sein, Lehrpläne und Prüfungsanforderungen turnusmäßig zu überprüfen, sofern diese Gremienarbeit in gemeinsamer Verantwortung und im Bewusstsein der Notwendigkeit der Universität als gemeinsamer Lernort geschieht. Eine so verstandene moderne, sich immer wieder selbst in Frage stellende und sich aktuellen Herausforderungen stellende Lehre gelingt allerdings nur unter bestimmten Voraussetzungen.

1.1 Lernen braucht Zeit und Verbindlichkeit

Beides ist im heutigen Universitätsalltag oft knapp oder wird gering geschätzt. Zentral für gelingendes Lernen ist nach wie vor die persönliche Begegnung und die beiderseitige Verpflichtung: Lehrende wie Studierende müssen Zeit und Verbindlichkeit aufbringen. Das bedeutet: Anwesenheit aller in den Lehrveranstaltungen, gute und intensive Vorbereitung von Lehrenden und Studierenden, Bereitschaft zum Dialog und eine notwendige Atmosphäre des Vertrauens und der Zusammenarbeit. Pünktlichkeit beispielsweise kann nur dann von den Studierenden eingefordert werden, wenn die Dozentinnen und Dozenten selbst ein gutes Vorbild dafür sind und sie erkennen lassen, dass sie die Zeitplanung ihrer Studierenden achten: Nur wer pünktlich eine Vorlesung oder ein Seminar eröffnet und es ebenso pünktlich abschließt, darf erwarten, dass sich die Partner im Hörsaal zu ebensolcher Pünktlichkeit verpflichtet fühlen. Freilich: Auch im Studium sind Prioritäten wichtig; und die Frage, wann welche Gründe akzeptabel sind, die Selbstverpflichtung zur Anwesenheit aufzugeben, wird wohl immer wieder neu und kontrovers diskutiert werden müssen.

Schädlich für gutes Lernen in diesem Sinne ist vor allem die Freigabe der Verbindlichkeit, wie es vielerorts durch die Aufhebung der Anwesenheitspflicht geschieht. Denn gerade ein verantwortungsvoller Seminarunterricht, der auf sukzessiven Erkenntnisgewinn setzt, bedarf der kontinuierlichen Diskussion sowie der Zeit, Argumente zu entwickeln, Gegenargumente zu erproben, Fragen zu formulieren und gemeinsam nach Antworten zu suchen. Der langsame Weg zur Erkenntnis bietet keine Abkürzungen, zumindest keine solchen, die tatsächlich zu dauerhaften Einsichten führen. Das zu Recht viel gescholtene „Bulimielernen" resultiert nicht zuletzt aus dem Missverständnis, der Sinn eines Universitätsstudiums liege darin, vor Prüfungen Faktenwissen anzuhäufen, das für eine kurze Zeit abrufbar sein soll. Dass manche Prüfungsordnungen solche Missverständnisse fördern, liegt auf der Hand, und damit ist niemandem gedient. Die Bewertung von kontinuierlichen Leistungen während des Semesters, etwa durch Lernportfolios, ist eine gute Möglichkeit, die einseitige Konzentration allein auf

Klausuren zu durchbrechen. Kreative und vielfältige Ideen sind nötig, um die Chancen des traditionellen Seminarunterrichts und der Vorlesung möglichst vielen deutlich zu machen.

Gutem Lernen abträglich ist vor allem auch Geringschätzung der Lehre durch Dozentinnen und Dozenten, was leider noch immer anzutreffen ist. Möglicherweise bedürfen wir anderer Formen der Wertschätzung guter Lehre als die mitunter schon zu Ritualen geronnenen Verfahren der Vergabe von Preisen für die gute Lehre, die mancherorts wie Trostpreise für die in der Forschung weniger Erfolgreichen gehandelt werden. Workshops und Plattformen zum Austausch zu *Best-Practice*-Verfahren könnten helfen, ebenso die Ermunterung, gelungene Vorlesungen hochschulweit zu öffnen, auch für Kolleginnen und Kollegen. Warum sollen nicht beispielsweise an einem „Tag der Vorlesung" Kolleginnen und Kollegen ihre Lieblingsvorlesungen einmal im Audimax für alle Universitätsangehörigen halten, um zu zeigen, wie anregend, wie inspirierend diese alte Form der Wissensvermittlung auch heute noch sein kann?

Schädlich für gutes Lernen ist schließlich die Schaffung einer Atmosphäre des wechselseitigen Misstrauens, wie sie sich mitunter fast unbemerkt entwickelt und dann doch das Klima nachhaltig vergiften kann. Nur wenn Lehrende und Lernende sich gegenseitig achten und sich gemeinsam auf die Arbeit eines Semesters einlassen, sind Erfolge möglich. Dazu gehört es, dass die Studierenden in ihrem Wunsch zu lernen und ihren Bedürfnissen ernst genommen werden – und nicht etwa unter pauschalen Faulheits- oder Plagiatsverdacht gestellt werden. Ebenso gehört freilich dazu, dass Studierende Möglichkeiten wahrnehmen, sich in den Lernprozess einzubringen, und dass sie erfahren können, dass die Lehrenden es ernst meinen damit, die Erfahrungen und Ergebnisse ihrer wissenschaftlichen Arbeit zu vermitteln. Für beide Seiten gilt: Nur wer sich selbst engagiert, wird den gemeinsamen Arbeitsprozess als befriedigend erleben und hat gute Gründe dafür, Engagement auch bei anderen zu erwarten.

Entsprechend äußert sich der amerikanische Hochschulexperte Mark Roche über die Voraussetzungen guter universitärer Lehre: „Zu den Grundsätzen […] gehört unter anderem, dass Studenten besser lernen, wenn sie einen existentiellen Bezug zum Gegenstand haben, sich aktiv am Lernprozess beteiligen, von ihren Kommilitonen lernen, verschiedenen Standpunkten begegnen und von ihren Professoren Rückmeldung in Bezug auf ihre Lernziele bekommen."[1]

1.2 Gute Lehre wird durch strukturierten Wettbewerb gefördert.

Damit eine Universität sich wirklich einen Namen durch gute Lehre machen kann, braucht sie den Wettbewerb um die besten Dozentinnen und Dozenten, die nicht allein gute Forscher, sondern auch gute Vermittler sein müssen; und sie braucht ebenso den Wettbewerb um die besten Studierenden. Das ist für manche noch immer eine unpopuläre Idee. Gerade pauschale bildungspolitische Forderungen, wie sie in den letzten Jahren häufig zu hören waren, dass bestimmte Quoten eines Altersjahrgangs zu studieren haben, tragen mitunter mehr zur Nivellierung der universitären Ausbildung als zur Förderung individueller Begabungen und Talente bei.

Die gegenwärtige Praxis der Studienplatzvergabe und der Studienfinanzierung sind solchen Ideen eines strukturierten Wettbewerbs, um es vorsichtig zu sagen, nicht unbedingt förderlich. Anreizstrukturen für Lehrende und Studenten materieller und immaterieller Art

---

[1] Roche 2014, S. 219.

befördern die gute Lehre. An manchen Universitäten gibt es bereits in ausgewählten Bachelor-Studiengängen Honors-Programme, die sich an besonders begabte und leistungswillige Studierende wenden, indem sie ihnen ein Lehrangebot bieten, das über den Durchschnitt hinausgeht. Nur wer auch die Leistungsspitzen ernst nimmt und sie angemessen fördert, wird dem universitären Bildungsauftrag gerecht.

Denn wenig ist so schädlich für die universitäre Lehre wie der stillschweigende Nicht-Angriffspakt zwischen Lehrenden und Studierenden: Wenig wird verlangt, wenig wird geleistet, und für das Wenige gibt es gute Noten und gute Beurteilungen der Lehrenden durch die Studierenden. Zu überdenken ist in diesem Zusammenhang die gegenwärtige Praxis der Lehrveranstaltungsevalutionen und der internet-öffentlichen Bewertungsportale, bei denen Lehrveranstaltungen oft nicht anders bewertet werden als Pauschalreisen oder Freizeitangebote verschiedener Dienstleistungen. Gegen solche Bewertungsportale und ihren möglichen Missbrauch ist vermutlich wenig auszurichten; doch sollten die universitätsinternen Evaluationen sinnvoll genutzt und gegebenenfalls überdacht und modifiziert werden, um zu verhindern, dass nur das Bequeme honoriert wird und dass „Spaß" zu einer zentralen Kategorie der Wissensvermittlung wird.

Ein Klima des reflektierten und verantwortungsvollen Wettbewerbs ist nicht asozial und kann Studierende anregen, mehr zu leisten und die Zeit des Studiums optimal zu nutzen, um die eigenen Kompetenzen zu erweitern.

1.3 Gute Lehre braucht Differenzierung.

Unser gegenwärtiges Universitätssystem vermittelt oft den Eindruck, an allen Standorten sei alles zugleich möglich – in der Forschung wie in der Lehre, für alle Studierenden. Das ist ein Ideal, das zu verabschieden vielen schwer fällt, auch mir.

Dennoch: Wir benötigen Differenzierung in der Lehre, innerhalb der einzelnen Universitäten und innerhalb der deutschen Hochschullandschaft. Das Nebeneinander von Fachhochschulen und Universitäten reicht noch nicht aus, um den verschiedenen Bedürfnissen und Voraussetzungen gerecht zu werden. Die Inflation der Abiturnoten und die Zunahme der Zahl der Menschen jeden Alters mit Hochschulzugangsberechtigung erfordern eine Binnendifferenzierung der Hochschullehre, wie sie heute noch kaum geleistet wird. Das ist häufig frustrierend für Studierende wie für Lehrende; denn wenn Lerngruppen zu heterogen sind, greift auch der Aspekt einer gelungenen Inklusion nicht mehr; vielmehr können schnell Enttäuschungen bei allen Beteiligten entstehen, selbst wenn jeder und jede Einzelne es gut meint. Die Schaffung einer Binnendifferenzierung kann nicht allein von den Hochschulen geleistet werden, sie ist auch Aufgabe der Bildungspolitik.

Differenzierung der Lehre innerhalb der Universität kann beispielsweise durch die bereits erwähnten Honors-Programme oder durch Kursangebote für bestimmte Zielgruppen (Austauschstudierende, Studierende in bestimmten Lebenssituationen, Studierende mit Handicaps, Studierende mit Berufserfahrung) erreicht werden. Je differenzierter universitäre Lehre angeboten wird, desto zufriedener werden Lehrende und Lernende sein, und desto erfolgreicher kann eine Hochschule als Ganzes agieren. Die gezielte Anwerbung und Auswahl bestimmter Studierendengruppen erfordert Phantasie und oft auch etwas Mut – hier gibt es an vielen Hochschulen noch breite Möglichkeiten der Entdeckung und Entfaltung. Als Beispiel – und um zu zeigen, dass es mir keineswegs um die Förderung stromlinienförmiger Einheitsstudierender geht, – nenne ich das Zertifizierungsprogramm für familiengerechte Hochschulen und das vom Stifterverband der Wissenschaft ausgerufene Auditierungsprogramm für Diversität. In der Entwicklung von spezifischen Curricula für Migranten und Flüchtlinge, die oft hochmotiviert sind, spezifische, teilweise ausgezeichnete Vorkenntnis haben, ihre bisherigen Ausbildungen allerdings häufig nicht nachweisen können oder Abschlüsse haben, deren Anerkennung hierzulande nicht selbstverständlich ist, liegt eine besonders wichtige Aufgabe der zukünftigen universitären Lehre.

2. Die „Einheit von Forschung und Lehre" ist kein Selbstzweck. Sie muss immer wieder neu reflektiert und auf ihren Nutzen für alle Seiten befragt werden.

Die Forderung nach „forschungsorientierter Lehre" ist mittlerweile zu einer Selbstverständlichkeit, ja mitunter fast zu einem leeren Schlagwort geworden. Auf der einen Seite scheint damit fast Banales und Selbstverständliches gemeint zu sein; auf der anderen Seite sind mitunter Formen eines Aktionismus zu beobachten, die zwar gut gemeint sind, aber nicht immer zu überzeugenden Ergebnissen führen. Differenzierung ist auch hier nötig.

2.1 Die Vermittlung der eigenen Forschungsergebnisse erfüllt wichtige Funktionen für Lehrende und Lernende.

Der Nutzen für die Lehrenden ist offenkundig und vielfältig: Die Vermittlung der eigenen Forschungsergebnisse und -methoden im Hörsaal und im Seminarraum ist ein notwendiges Medium der Kontrolle und ein Korrektiv für die Relevanz, die Verständlichkeit und nicht zuletzt auch den gesellschaftlichen Nutzen unserer Forschungsergebnisse.

Für Studierende wiederum ermöglicht die Verbindung von Forschung und Lehre nicht nur neue und aktuelle Einsichten, sondern auch ein vertieftes Verständnis von Forschungsprozessen und den damit verbundenen Haltungen. Hinzu kommt der Faktor der Motivation, der nicht unterschätzt werden darf: Die Wirkung direkter Vorbilder ist gerade auch in der Wissenschaft sehr hoch, und inspirierender als jedes Lehrbuch sind die leuchtenden Augen und die begeisterten Worte einer Professorin, eines Professors, die mit ihren Studierenden die Ergebnisse ihrer Forschungsarbeit diskutieren und gemeinsam weitere Forschungen planen, ganz egal, ob es um Biodiversität oder um syntaktische Formeln geht – Wissenschaft kann und soll auf allen Feldern begeistern.

Aufgabe einer guten Lehre ist die stete Reflexion des Verhältnisses von Grundlagenwissen und dynamischer Wissensvermittlung, orientiert an aktuellen und oft speziellen Forschungsarbeiten. Dabei ist zu bedenken, dass gerade Einführungskurse durch Hinweise auf aktuelle Forschungsarbeiten gewinnen können, dass aber dennoch in jeder Disziplin standardisierte Grundlagen gelegt werden müssen. Es obliegt auch dem Einfallsreichtum von Lehrenden und der fragenden Neugier von Studierenden, die freilich oft erst geweckt werden muss, die Vermittlung von Basiswissen mit gegenwärtigen Forschungen zu verknüpfen. Es muss kein Ausweis schlechter Lehre sein, wenn dies nicht immer in demselben Maß möglich ist. Die Vermittlung von standardisiertem Lehrbuchwissen gehört schließlich zu den Grundlagen einer wissenschaftlichen Ausbildung, die sich jedoch nicht darin erschöpfen sollte, auch nicht im Bachelorstudium. Die Anleitung zu wissenschaftlichem Fragen und zur Entwicklung von Problemstellungen und möglichen passenden Lösungswegen gehört zu den Aufgaben des universitären Unterrichts von Beginn an.

2.2 Die Forderung von „Einheit von Forschung und Lehre" darf nicht missbraucht werden, um schnelle und vorzeigbare Ergebnisse im Semestertakt zu produzieren.

Der berechtigte und verständliche Wunsch nach forschungsorientierter Lehre darf nicht zu Curricula führen, die oberflächlich „Forschung" simulieren, aber in erster Linie *output*-orientiert sind. Manche der gut gemeinten Beispiele von universitärer Projektarbeit reiben sich an engen curricularen Vorgaben und den Zwängen modularisierter Lehre; mitunter werden sie auch befördert durch die von außen an die Universitäten herangetragenen Erwartungen, möglichst viel zu publizieren. Ein Ausweg aus diesem Dilemma könnten mehrsemestrige Veranstaltungen, Projekt- und Kompaktkurse und liberalisierte Modulbeschreibungen und Curricula bieten. Produktive geistige Arbeit lässt sich selten in die starren 14-Wochen-Schemata gießen, weder für Lehrende noch für Studierende.

Forschungsorientierte Lehre erfordert schließlich Lehrende, die selbst genügend Zeit für vertiefte Forschungen haben. Die gegenwärtige Praxis der Lehrkräfte für besondere Aufgaben und der verstärkte Einsatz von Doktorandinnen und Doktoranden mit einem hohen Lehrdeputat können dem nur sehr begrenzt gerecht werden. Wieder greift eines ins andere: Curriculum-Reformen sind ohne Veränderung der oft prekären Beschäftigungsverhältnisse des wissenschaftlichen Nachwuchses schwer zu bewerkstelligen.

Gerade die jüngeren Skandale um Plagiate sollten dafür sensibilisieren, dass eine reine *Output*-Orientierung der Forschung oft kontraproduktiv ist. Die Reflexion darüber muss Bestand verantwortungsvoller Lehre sein.

Ehrlichkeit gegenüber unseren tatsächlichen Arbeits- und Lehrbedingungen ist nötig, um das, was gut und erhaltenswert ist, zu benennen und um den Studierenden eine angemessene Ausbildung zu bieten. Nicht alle Studierenden wünschen und brauchen dasselbe Maß an Forschungsorientierung. Auch hier gilt erneut: Differenzierung ist nötig.

3. „Forschungsorientierung" bedeutet vor allem die Einübung eines bestimmten intellektuellen und ethischen Habitus.

Als Rollenvorbilder haben Lehrende die Verantwortung, in ihren Lehrveranstaltungen nicht allein die Ergebnisse ihrer Forschung zu präsentieren, sondern insbesondere den damit verbundenen Habitus vorzuleben: Verbindlichkeit und die Bereitschaft, sich mittel- und langfristig einer anspruchsvollen Aufgabe zu widmen; Pflege der wissenschaftlichen Neugier und Verpflichtung auf das Prinzip der Wahrhaftigkeit; Kultivierung einer wissenschaftlichen Kreativität; Beharrungsvermögen und die Fähigkeit, Niederlagen und Rückschläge hinzunehmen.

Damit verbunden sind bestimmte Geisteshaltungen und intellektuelle Tugenden, die zu fördern auch Aufgabe der Universität ist: Selbstkritik, Ausdauer, Neugier, Dialogfähigkeit, Urteilsvermögen. Dieser Habitus wird nicht in separaten Kursen zu „Soft Skills" erworben, sondern bedarf des steten Vorbilds durch Lehrende und Kommilitonen und wird in fachlichen Lehrveranstaltungen eingeübt.

Vielleicht ist sogar dies das am stärksten „Traditionelle" an dem Plädoyer für traditionelle Lehr- und Lernformen an unseren Hochschulen: die Einsicht, dass es dabei nicht um die Anwendung und Einübung bestimmter isolierter Techniken geht, sondern um die Ausbildung eines Habitus, der die ganze Wissenschaftlerin, den ganzen Studenten umfasst.

Sabine Doering

Literatur

ROCHE, M.: Was die deutschen Universitäten von den amerikanischen lernen können und was sie vermeiden sollten. Hamburg: Meiner 2014

        Prof. Dr. Sabine DOERING
        Carl von Ossietzky-Universität Oldenburg
        Institut für Germanistik
        Postfach 2503
        26111 Oldenburg
        Bundesrepublik Deutschland
        Tel.: +49 441 7983049
        E-Mail: sabine.doering@uni-oldenburg.de

Universität als Ort der Wissenschaft – Universität als Ort, der Wissen schafft!

Ilka Parchmann, Karin Schwarz und Anja Pistor-Hatam (Kiel)

Zusammenfassung

Berichte und Diskussionen über Universitäten erwecken heute vielfach den Eindruck, dass es um deren Zukunft wenig rosig aussieht. Doch stellt nicht gerade die Forderung nach einem weitreichenderen Bildungsauftrag von Universität auch eine Chance für individuelle wie auch gesellschaftliche Entwicklungen dar, wenn es gelingt, diese so umzusetzen, dass auch die Förderung von Forschung und wissenschaftlichem Nachwuchs nicht weniger bedeutsam wird? Die zunehmende Vielfalt an Zielen und Voraussetzungen der Studierenden erwartet eine Weiterentwicklung universitärer Lehre, die letztlich allen zu Gute kommen kann. Die Lehr-Lern-Forschung bietet dafür ebenso Ansätze wie Unterstützungs- und Anreizsysteme – deren systematische Nutzung und Umsetzung würde die Chance bieten, Universitäten als Orte zu entwickeln, die neues Wissen schaffen und Bildung für viele ermöglichen.

Abstract

Reports and discussions about universities often give the impression that their future is less than rosy. However, does not this demand that the university provide a more extensive education also represent an opportunity for individual and social development if it can be implemented in such a way that it does not diminish the importance of fostering research and junior scientists? The increasing number of student goals and requirements demands that university teaching be developed further, something which can ultimately benefit everyone. Teaching-learning research offers approaches, as well as systems of support and incentives – their systematic use and implementation would encourage universities to develop into places where knowledge is created and education is provided to many people.

1. Universität – woran denken Sie dabei?

An herausragende Forschung und an Ermöglichungsräume für das Schaffen neuen Wissens – oder an Einrichtungen „zweiter Klasse" im Vergleich zu außeruniversitären Institutionen? An intensive und manchmal auch kontroverse Diskussionen zwischen Professorinnen/Professoren und Studierenden in der Auseinandersetzung mit Theorien und Modellen – oder an überfüllte Hörsäle, in denen Professorinnen/Professoren manchmal mehr schlecht als recht versuchen, Scharen von Studierenden Wissen einzutrichtern, das zumindest manche weder erwerben wollen noch können? An gesellschaftliche Einrichtungen, die jungen Menschen unabhängig vom Bildungsstand ihrer Eltern Zugänge zu Bildung und Berufsperspektiven bieten – oder an steuerfinanzierte Einrichtungen, die in erster Linie Akademikerkindern zu Gute kommen, und an potenzielle Nachwuchstalente, die womöglich trotz hervorragender Leistungen keine Aussicht auf eine Laufbahn in der Wissenschaft haben?

In der Tat kann man in Gesprächen, in Podiumsdiskussionen und in den Medien den Eindruck gewinnen, dass die Zukunft der Universitäten nicht nur in Deutschland alles andere als vielversprechend aussieht (der Zustand der Gebäude vieler Universitätsstandorte bestätigt dieses Bild sehr anschaulich). Doch sind Universitäten insgesamt tatsächlich in einer so beklagenswerten Situation?

Das vor allem von Hochschulmitgliedern gern zitierte Humboldtsche Ideal der Einheit von Forschung und Lehre sowie deren Zweckfreiheit mag heute eine andere Bedeutung haben als zu HUMBOLDTS Zeiten. Zu Recht darf kritisch mit Blick auf die Lehre gefragt werden, inwieweit diese tatsächlich mit Forschung verbunden ist: Wann und wo erhalten Studierende Einsichten in die neuesten Erkenntnisse und (Denk-)Strukturen der von ihnen gewählten Wissenschaft? Wann erfahren sie, woran mit welchen Fragestellungen und Zielen heutzutage geforscht wird und wie sie selbst zunehmend Teil dieser Forschungswelt werden können? Welche Funktion haben Bachelorstudiengänge, welche die darauf aufbauenden Masterstudiengänge? Ist es tatsächlich notwendig bzw. überhaupt Erfolg versprechend, zunächst über Jahre Grundwissen und Grundfertigkeiten anzustreben, um erst danach Forschung und Lehre zunehmend stärker zu vernetzen, wenn doch aus der (bislang überwiegend schulbezogenen) Lehr-Lern-Forschung das Prinzip des Nürnberger Trichters schon lange in Frage gestellt wird? Natürlich haben diejenigen, die heute erfolgreiche Wissenschaftler sind, auch dieses System durchlaufen. Wie viel mehr Bildungschancen böten aber Universitäten, wenn Lehre nicht nur auf diesen bestimmten Personenkreis ausgerichtet wäre?

Heinz-Elmar TENORTH hat in verschiedenen Vorträgen und Veröffentlichungen den Begriff der „Ermöglichungsformen" geprägt. Die Metapher von Universitäten als Ermöglichungsräumen für Wissenschaft und wissenschaftsbasierte Bildung von Gesellschaft und jungen Menschen bietet viele Perspektiven. Um diese nutzen zu können, müssen bewährte und neue Formate insbesondere in der Lehre sowie deren Rolle und Anerkennung in Universitäten weiterentwickelt werden. Die Vielfalt und Diversität der Studierenden, nicht deren Masse, kann dabei eine wertvolle Chance sein. Eine alleinige Erhöhung der Zahlen führt kaum zu einer breiteren Bildungsgerechtigkeit, wie nach wie vor Berichterstattungen über die Chancen eines höheren Bildungsgangs in Abhängigkeit vom Bildungsstand der Eltern zeigen. Auch zu der vermeintlich besseren Vergangenheit von Universität gehörte der Ausschluss von Frauen und Angehöriger vieler Gesellschaftsschichten von universitärer Bildung. Universitäten als Orte, die Wissen für viele Bereiche der Gesellschaft bereitstellen, sind daher ohne Zweifel eine wünschenswerte Entwicklung – es stellt sich allerdings die Frage, wie dies gelingen kann, ohne dass die wissenschaftliche Auseinandersetzung derjenigen, die die Wissenschaftlerinnen/Wissenschaftler von morgen werden wollen und können, darunter leidet.

Um universitäre Lehre in diesem Sinne weiter zu entwickeln, müssen die Erwartungen und Voraussetzungen der Studierenden und Lehrenden ebenso besser berücksichtigt werden wie wissenschaftliche Erkenntnisse über das Lehren und Lernen; beides geschieht in der universitären Lehre bisher nur sehr begrenzt.

2. Mit welchen Erwartungen und Voraussetzungen studieren Studierende?

Eine wesentliche und wohl wenig überraschende Erkenntnis der Lehr-Lern-Forschung ist, dass ein erfolgreicher Lernprozess an den Voraussetzungen der Lernenden ansetzen und diese wechselseitig mit den entsprechend zu erwerbenden Zielen verknüpfen muss. Ohne eine erfolgreiche kognitive Aktivierung der Lernenden setzt kein Lernprozess ein – und ein reines „Absitzen" in Vorlesungen und anderen Veranstaltungen ist für Lehrende und Studierende doch gleichermaßen frustrierend.

Mit welchen Erwartungen kommen junge Menschen an die Universität? Möchten sie Wissenschaft kennen lernen, sich mit offenen Fragen der Erklärung von Natur und Gesellschaften auseinandersetzen, möchten sie selbst einmal dazu beitragen, diese zukünftig besser gestalten zu können? Möchten sie sich selbst noch ohne konkretes Ziel weiterbilden oder möchten sie (in erster Linie?) eine berufliche Qualifikation erwerben? Vermutlich kann man für die Vielfalt heutiger Studierender alle Fragen mit „ja" beantworten – und eben darin liegt eine Chance, aber auch ein Anlass für eine kritische Reflexion.

Eigene Untersuchungen (KLOSTERMANN et al. 2014) deuten ebenso wie Berichte in *Forschung & Lehre* oder der *duz* darauf hin, dass das Interesse an Forschung und Wissenschaft nicht mehr primär im Erwartungshorizont von Studierenden liegen mag. Wenn dem so ist, darf und muss natürlich die Frage erlaubt sein, weshalb sie dann ein Studium an einer Universität aufnehmen und nicht andere Bildungsinstitutionen, die nicht unmittelbar mit Wissenschaft verbunden sind, wählen. Eine wissenschaftsbasierte und wissenschaftsgetriebene Bildung verfolgt den Anspruch einer vertieften Auseinandersetzung mit Wissen, einer Entwicklung von Systemverständnis und einer Fähigkeit, analytisch ebenso wie in übergeordneten Zusammenhängen denken zu lernen. Diese beispielhaft genannten Fähigkeiten sind in vielen Bereichen bedeutsam, nicht nur in einer späteren Forschertätigkeit. Sie basieren jedoch auf einer Auseinandersetzung mit Forschung und Wissenschaft, wenn man dem Leitgedanken von Universitäten und einem Universitätsstudium auch weiterhin folgen möchte.

Ferner zeigen Untersuchungen auf, dass auch die Voraussetzungen insbesondere in den sogenannten Grundfertigkeiten Mathematik (wie breit in den Medien diskutiert, z. B. *Die Zeit* 2015) oder dem Lesen und Schreiben von ganzen Aufsätzen (WOLBRING 2015) nicht mehr das gewünschte Maß erreichen. Wie Christian DRIES (2015) in *Forschung & Lehre* aber zu Recht sagt, sollte dies nicht zu einem fortwährenden „Studierendenbashing" führen, denn dieses verbessert weder die Lehre noch die Voraussetzungen dafür. Hier sind sinnvolle Abstimmungen mit den Schulen gefordert, eine klarere Ziel- und Erwartungstransparenz für zukünftige Studienanfängerinnen/Studienanfänger sowie eine politische Klärung der zukünftigen Rolle und Verankerung von Übergangsangeboten. Die wachsende Zahl und die vielfältigen Formate an Unterstützungsangeboten sind für manche ein notwendiges Übel, für andere eine Chance zur Verbesserung insbesondere des Studieneinstiegs und der darauf aufbauenden Lehre. Viele dieser Angebote sind jedoch Ergebnisse von Förderprogrammen, deren Zukunft und Verankerung unklar ist: Vorkurse werden nach der Schulzeit und vor Beginn des eigentlichen Studiums angeboten, in welcher Weise sollen sie perspektivisch auf Lehrkapazitäten und Ausstattungen angerechnet und curricular verortet werden? Ein Trend zu immer mehr Zusatzangeboten ohne eine solche Verortung lässt sich auf Dauer sicher weder für Studierende noch für Lehrende rechtfertigen, hier müssen systembezogene Lösungen gefunden werden, wie an einzelnen Hochschulen bereits geschehen.

Die Flexibilisierung von Übergängen zwischen Schule, Studium und Berufsbildung kann ein weiterer Weg sein, um Strukturen besser zu vernetzen. Ist es sinnvoller, ein Studium aufzunehmen – oftmals mit vielerlei Frustrationen verbunden – als eine Ausbildung mit zum Teil ausgezeichneten Berufschancen? Die Forderung der OECD, mehr jungen Menschen eine Weiterbildung nach der allgemeinen Schulbildung zu ermöglichen, ist absolut unumstritten. Wir haben in Deutschland mit dem dualen Ausbildungssystem jedoch genau das realisiert, anders als viele andere Länder. Diese Struktur wieder als gleichwertig bedeutsame Alternative zum Studium zu betrachten, würde uns davor bewahren, ein bestehendes, gut funktionierendes und international geachtetes System zu (zer)stören.

Welche Möglichkeiten gibt es weiterhin, Studium und Berufsausbildung miteinander zu verknüpfen, ohne entsprechende Übergänge als Abbrüche zu klassifizieren? Hier sind Modelle und Kooperationen zwischen Universitäten, Wirtschaft und regionalen Einrichtungen gefragt, um Vorbilder zu generieren und zu kommunizieren. Schließlich bietet eine solche Kooperation auch ein wachsendes Feld an Weiterbildung im Sinne von neuster Forschungsbasis für gesellschaftliche und technologische Umsetzungen auf der einen Seite und für eine bessere Anschlussfähigkeit an Praxis auf der anderen Seite.

3. Welche Ziele verfolgen Lehrende und welches Bild von Wissenschaft vermitteln sie?

Schaut man in manche Vorlesung, dann mag der Eindruck entstehen, Bildung sei in erster Linie eine Ansammlung von Wissen, die es weiterzugeben gelte. Welche Rolle spielt diese Weitergabe von Wissen in Zeiten der scheinbar freien Verfügbarkeit eben dieser Fakten in verschiedensten Medien? Ist es tatsächlich so, dass klassische Vorlesungen heute keinen Wert mehr haben? Selbst wenn es rein um das „Vorlesen" und das damit verbundene Ziel der Aneignung von Wissen auf Seiten der Studierenden ginge (im Sinne der Aneignungsmetapher nach Sfard [Sfrad 1998, Wegner und Nückles 2013]), hätte eine Vorlesung immer noch den Zweck, Lernenden zu zeigen, welche Inhalte aus Sicht der Wissenschaftsexpertinnen/Wissenschaftsexperten bedeutsam sind. Sie wird aber noch wertvoller, wenn nicht das Wissen selbst im Fokus steht, sondern dessen Herleitung, das explizite Aufzeigen der dahinterstehenden Annahmen sowie der Logik des Verstehens durch einen bestimmten Erklärungsweg im Sinne eines Modellierens des Denkens. Diese Zielsetzung beschreibt Sfard mit einer Partizipationsmetapher (Sfrad 1998, Wegner und Nückles 2013), die Lehre als zunehmende Einführung in eine wissenschaftliche Denkwelt versteht. Vorlesungen lassen diese zweite Zielsetzung nicht immer erkennen, eine Chance dafür haben sie jedoch ohne Zweifel. In diesem Sinne wäre jedoch weniger oftmals mehr, denn eine inhaltliche Überfrachtung führt kaum dazu, dass das Wesen des dahinterliegenden Denkens erkannt und nachvollzogen werden kann. Ein zu viel an Inhalt verleitet vielmehr zu oberflächlichen Lernstrategien, um das Wissen anzuhäufen, das dann in der Klausur am Ende abgefragt wird. Zu echten Verständnisprozessen führt dies nicht.

Die Art und Weise der Darbietung von Wissenschaft und Wissen beeinflusst jedoch nicht nur Lernstrategien. Ein großer Reiz von Forschung liegt darin, Wissen zu erweitern, zu verändern, in Frage zu stellen. Wenn in den ersten Jahren jedoch überwiegend bekanntes, gesichertes, nicht in Frage gestelltes Wissen dargeboten (und abgeprüft!) wird, entwickeln Studierende dann tatsächlich ein angemessenes Bild von Wissenschaft und eine Motivation dafür, selbst Teil dieser Kultur zu werden? Die Lehr-Lern-Forschung zeigt, dass starke Überzeugungen von gesichertem Wissen wiederum eher Lernstrategien des Memorierens fördern (Urhahne und Hopf 2004), während Überzeugungen von der Veränderlichkeit des Wissens eher mit anspruchsvolleren Lernstrategien einhergehen. Welches Lernen möchte Universität fördern, welche Lehrstrategien werden passend oder gerade nicht passend dazu dargeboten? Ohne Lernen und Memorieren von Fakten geht es selbstverständlich nicht, aber dies allein hilft wenig für den Aufbau wissenschaftlichen Denkens. Letzteres braucht Zeit und damit eine Entscheidung seitens der Lehrenden, ob sie die Fülle an Fakten oder die dahinterliegenden Denkwege gerade in den Anfängervorlesungen und in den dazugehörigen Prüfungen in den Fokus stellen wollen. Programme wie KoKoHs (http://www.kompetenzen-im-hochschulsektor.de/index.php) bieten hier sicher erste wertvolle Ansätze, um auch das Lehren und Lernen an Universitäten weiter zu entwickeln.

Obwohl die Lehr-Lern-Forschung den Erfolg einer Wissensanhäufung auf Vorrat auf Basis empirischer Erkenntnisse und theoretischer Überlegungen deutlich in Frage stellt, sind Folgen für die universitäre Lehr-Lern-Praxis bislang kaum erkennbar. Veränderungen sind hier überwiegend auf formaler Ebene zu beobachten: Bachelor/Master statt Diplom, ECTS statt SWS, *Blended Learning* und *Flipped Classrooms* statt klassischer Vorlesungen. Wo wird aber das eigentlich zugrunde liegende Bildungsverständnis hinterfragt und in den Blick genommen? Mit Bildungswissenschaftlern wie John Hattie (2009) lässt sich einhellig und wiederkehrend sagen: Nicht Formate sind für Lernerfolg entscheidend, auf den Lehrer/die Lehrerin kommt es an! Und auf die Interaktion zwischen Lehrenden und Lernenden!

Auch die Partizipationsmetapher, also das Studieren im Sinne einer Einführung in eine Welt aus fachkulturellen Denkmustern, Praktiken und Werten, muss jedoch mit Blick auf die heutige Vielfalt der Studierenden hinterfragt werden: Soll ein Studium allein auf eine spätere Tätigkeit in der Wissenschaft ausgerichtet sein, wenn ein Großteil der Studierenden gar nicht in diesem Feld tätig sein wird, teils freiwillig und teils mangels angebotener Stellen? Oder wäre es nicht sinnvoll, weitere Perspektiven der späteren Nutzung wissenschaftlicher Methoden in z. B. Wirtschaft und Gesellschaft aufzuzeigen sowie den auf Forschung resultierenden bzw. den darauf aufbauenden Know-how-Transfer und dessen Wirkung in Bildung, Kultur und Gesellschaft? Auch dann wird Universität als Ort von Wissenschaft auch zu einem Ort, der Wissen schafft!

4. Universität als Ort der Wissenschaft – unabdingbare Voraussetzung für einen Ort, der Wissen schafft!

Die ursprüngliche Aufgabe von Universitäten als Orten, die Wissen schaffen, ist unumstritten. Universitäten bzw. die dort studierenden und forschenden Menschen haben Gesellschaften in der Vergangenheit beeinflusst, sie haben sie weiter gedacht und entwickelt – geistig, kulturell, technisch und im alltäglichen Leben, sie haben Protesten Gehör verschafft und jungen Menschen Bildung in der Auseinandersetzung mit verschiedenen Positionen ermöglicht. Können Universitäten heute diese Aufgaben noch wahrnehmen? Sind „geistige Eliten" und „Bildung für viele" vereinbar? Da beides zweifelsohne wünschenswert ist, sollten Wege dafür gefunden werden.

Das bestehende Lehrsystem muss sich verändern, und zwar in zwei Richtungen: Es muss für diejenigen, die das Potenzial und den Willen haben, sich vertieft mit wissenschaftlichen Fragestellungen und Perspektiven auseinanderzusetzen, Ermöglichungsräume dafür schaffen. Massenvorlesungen und Veranstaltungen, die vorrangig auf das Bestehen von Prüfungen ausgerichtet sind, sind dazu kaum in der Lage. Die geltenden Kapazitätsverordnungen und curricularen Normwerte sind aber die Grundlage dieser schlechten Betreuungsverhältnisse, sie befördern die intensive Auseinandersetzung nicht. Auch hier müssen Handlungsfelder vergrößert werden – Bildung ist nicht umsonst!

Neben einer finanziellen Ermöglichung sind auch zeitliche Freiräume unabdingbar. Das „Forschungssemester" ist etabliert und schafft zeitliche Freiräume für die Forschung. Zeit und Freiräume sind jedoch zur Weiterentwicklung von guter Lehre ebenso unerlässlich wie zur Weiterentwicklung herausragender Forschung. Die Einrichtung von Forschungs- und Lehrsemestern kann daher, wie an einigen Hochschulen bereits realisiert, eine sehr sinnvolle Unterstützung für die Weiterentwicklung guter Lehre sein; Lehrpreise und Anerkennungen wie der *ars legendi* sind sicher weitere. Auch hier ist Kreativität und Unterstützung gefragt, damit Lehre nicht im Anerkennungssystem Universität stets nur den zweiten Platz einnimmt – oder selbst diesen zu verlieren droht in der Vielfalt der weiteren Aufgaben!

Bedacht werden muss dabei, dass das bestehende System in Deutschland nach wie vor stark von den Bildungsbedingungen der Elternhäuser geprägt ist. Lediglich mehr Studierende an die Universität zu holen, führt nicht automatisch dazu, dass diese Bildungsungerechtigkeit verringert wird. Entscheidend für den Studienerfolg im ersten Jahr sind verschiedenen Untersuchungen zufolge die Gesamtabiturnote (weniger die einzelne Fachnote!) (z. B. TRAPPMANN et al. 2007) – wer also bereits in der Schule schlechtere Chancen auf Bildung hatte, wird diese an der Universität kaum aufholen können. Auch hier können Universitäten eine aktive Rolle einnehmen, indem sie stärker mit anderen Bildungsinstitutionen kooperieren und talentierten Kindern und Jugendlichen bereits früh Chancen für zusätzliche Bildung bieten. Und indem sie Lehrkräfte so bilden, dass auch diese in der Lage sind, Talente zu erkennen und angemessen zu fördern – wozu natürlich auch an Schulen entsprechende Bedingungen geschaffen werden müssen.

Universität als Ort, der Wissen schafft, kann mehr bedeuten als Studierende zuzulassen und weiterzubilden. Auch der gesellschaftliche „Outreach" hat sich als Aufgabe von Universitäten etabliert, beginnend mit populärwissenschaftlichen Vorträgen schon vor einigen Jahrhunderten, resultierend in der heutigen Vielfalt von Kinder-Unis, Schülerlaboren, *Nights of the Prof* u. a. m., sowie in dem gesamten Bereich der Weiterbildung und des Technologietransfers. Diese Aktivitäten sind nicht unumstritten unter den Wissenschaftlerinnen und Wissenschaftlern, von denen einige finanzielle und zeitliche Ressourcen lieber ganz in die sogenannten Kernaufgaben von Forschung und Lehre, manch einer nach eigener Überzeugung vielleicht sogar am liebsten ausschließlich in die Forschung investieren würde. Spätestens wenn aber der geeignete Nachwuchs ausbleibt, wenn Schule nicht mehr die gewünschten Voraussetzungen schafft, wenn die Investition von öffentlichen Geldern in universitäre Forschung zur Diskussion steht, da Menschen außerhalb von Universität Forschung und Technologieentwicklung eher sorgen- als erwartungsvoll gegenüberstehen, spätestens dann wird offensichtlich, dass Universität den Diskurs um die eigene Verantwortung für ihre Rolle und Existenz führen muss. Wenn es Universitäten nicht gelingt, ihre Unverzichtbarkeit und ihren außerordentlichen Wert für die weitere Entwicklung einer Gesellschaft überzeugend darzustellen, sollten sie auch nicht klagen über schlechter werdende Bedingungen. Nicht andere sind dafür zuständig, die Rolle von Universität aufzuzeigen, sie sind es selbst – auch wenn dies Mühe macht, Zeit kostet und viele, viele Gespräche erfordert. Hier sind nicht zuletzt Präsidien und überzeugende Repräsentantinnen/Repräsentanten der verschiedenen Fachrichtungen gefragt, diese Wahrnehmung in Politik und Gesellschaft zu stärken, wie vielerorts bereits zu erkennen ist.

Universitäten müssen dafür aber auch weiterhin Orte exzellenter Forschung bleiben, und zwar in der Breite und nicht nur an wenigen Elitestandorten. Eine Trennung von Forschung und Lehre im Sinne von Forschungs- und Lehruniversitäten würde eben diese Verknüpfung aufheben und damit das Grundverständnis von Universität in Frage stellen. Nur durch die Vernetzung herausragender Forschung und Lehre kann die Vereinbarkeit von „geistigen Eliten" und Bildung für viele gelingen. Die Fortführung der Exzellenzinitiative wird Weichen stellen – die Entscheidungsträgerinnen/Entscheidungsträger mögen sich dabei gut überlegen, ob sie ein breit aufgestelltes, international erfolgreiches und für Bildung in der Gesellschaft unverzichtbares Universitätssystem tatsächlich auf nur wenige Standorte einer echten Vernetzung von Forschung und Lehre reduzieren wollen. Massenuniversitäten als Lehranstalten neben wenigen forschungsfähigen Einrichtungen würden den Grundgedanken von Universität auflösen und auch hier eine neue Parallelstruktur zu den außeruniversitären Wissenschaftsgesellschaften/-gemeinschaften schaffen. Bildung kostet Geld und Zeit – eine alleinige Fokussierung auf die Steigerung von Forschungseffizienz und -effektivität lässt dem Ziel Bildung sicher eine unzureichende Wertschätzung zukommen! Es ist daher aus unserer Sicht sehr zu begrüßen, dass in der neuen Ausrichtung der Exzellenzinitiative Lehre und Bildungsarbeit einen deutlich stärkeren Schwerpunkt in Verbindung mit exzellenter Forschung einnehmen sollen.

Literatur

Die ZEIT: Mehrheit der Abiturienten schlecht in Mathe. Die ZEIT vom 25. 3. 2015 (2015)
  http://www.zeit.de/karriere/2015-03/mathematik-abitur-studie-leibniz-institut (letzter Zugriff 13. 8. 2015)
Dries, C.: Schluss mit dem Studenten-Bashing! Forschung & Lehre *8*/15, 605 (2015)
Hattie, J.: Visible Learning. London, New York: Routledge 2009
Klostermann, M., Höffler, T., Bernholt, A., Busker, M., und Parchmann, I.: Erfassung und Charakterisierung kognitiver und affektiver Merkmale von Studienanfängern im Fach Chemie. Zeitschrift für Didaktik der Naturwissenschaften *20*/1, 101–113 (2014)
Sfrad, A.: On two metaphors for learning and the dangers of choosing just one. Educational Researcher *27*/2, 4–13 (1998)
Trappmann, S., Hell, B., Weigand, S., und Schuler, H.: Die Validität von Schulnoten zur Vorhersage des Studienerfolgs – eine Metaanalyse. Zeitschrift für Pädagogische Psychologie *21*, 11–27 (2007)
Urhahne, D., und Hopf, M.: Epistemologische Überzeugungen in den Naturwissenschaften und ihre Zusammenhänge mit Motivation, Selbstkonzept und Lernstrategien. Zeitschrift für Didaktik der Naturwissenschaften *10*, 71–87 (2004)
Wegner, E., und Nückles, M.: Kompetenzerwerb oder Enkulturation? Lehrende und ihre Metaphern des Lernens. Zeitschrift für Hochschulentwicklung *8*/1, 15–29 (2013)
Wolbring, B.: Die Hälfte hat Lücken. duz *9*, 32 (2015)

Prof. Dr. Ilka Parchmann
Christian-Albrechts-Universität zu Kiel
Christian-Albrechts-Platz 4
24118 Kiel
Bundesrepublik Deutschland
Tel.: +49 4318802101
Fax: +494318807333
E-Mail: parchmann@praesidium.uni-kiel.de

Prof. Dr. Karin Schwarz
Christian-Albrechts-Universität zu Kiel
Christian-Albrechts-Platz 4
24118 Kiel
Bundesrepublik Deutschland
Tel.: +49 431 8805590
Fax: +49 431 8807333
E-Mail: schwarz@praesidium.uni-kiel.de

Prof. Dr. Anja Pistor-Hatam
Christian-Albrechts-Universität zu Kiel
Christian-Albrechts-Platz 4
24118 Kiel
Bundesrepublik Deutschland
Tel.: +49 431 8803001
Fax: +49 431 8807333
E-Mail: pistor-hatam@praesidium.uni-kiel.de

Universitäten als Entwicklungsräume – Überlegungen zum Bildungsauftrag von Universitäten im 21. Jahrhundert

Julia Gillen (Hannover)

Mit 3 Abbildungen

Zusammenfassung

Wie kann universitäres Lernen unter den Bedingungen der aktuellen Studienstrukturen und der offensichtlichen Veränderungstendenzen der Hochschullandschaft in qualitativer wie quantitativer Hinsicht gelingen? Wie verändern diese neuen Bedingungen die Ziele und Leitideen von universitärer Lehre und Forschung? Diesen Fragen geht der vorliegende Beitrag nach, indem zunächst eine Analyse der Veränderungstendenzen auf der Makroebene hochschulsystematischer Zusammenhänge sowie auf der Mikroebene der Studierendenschaft vorgenommen wird. Davon ausgehend wird das humanistische Bildungsideal re-interpretiert und mit der Frage konfrontiert, worum es für Universitäten der Zivilgesellschaft im 21. Jahrhundert wirklich geht. Als Konsequenz wird daraus die Notwendigkeit gezogen, universitäre Lehre und Forschung mit der Idee des forschenden Lernens zu verknüpfen und auf diese Weise Entwicklungsräume humanistischen Denkens zu schaffen.

Abstract

How can learning at universities succeed under conditions of the current academic structures and obvious changing trends of the academic landscape, both in qualitative and quantitative terms? How will these new conditions change objectives and guiding ideas of teaching and research at the university? The following paper deals with these questions. Accordingly changing trends will be analyzed at the macro-level of important issues in the system of higher education policy as well at the micro-level of the student body. Proceeding from that analysis, the humanist ideal of education will be re-interpreted and challenged by the question which crucial concerns of the universities support the concept of civil society in the 21st century. One main conclusion I can draw from these considerations is that teaching and research at universities necessarily have to be connected to the idea of research-based learning and thus emerge development areas of humanistic thinking.

1. Veränderungstendenzen im Hochschulsystem

Die deutsche Hochschullandschaft unterliegt einem tiefgreifenden Wandel, der sich durch die Nachwirkungen der Bologna-Reform, die Effekte der Exzellenzinitiativen und durch die Öffnung der Hochschulen für neue Zielgruppen begründen lässt. In der Folge lassen sich im Wesentlichen zwei zentrale Veränderungstendenzen in den Hochschulen ausweisen. So zeigt sich derzeit zum einen eine *quantitative Veränderung*, die (*1.*) durch die Etablierung erweiterter Hochschulzugangsmöglichkeiten und den deutlichen Anstieg der Studienanfänger- und Studierendenzahlen sichtbar wird, (*2.*) durch eine deutliche Verbreitung des Studienangebots der Hochschulen und der zu wählenden Studiengänge und schließlich (*3.*) durch die steigende Anzahl an öffentlichen, vor allem aber privaten Hochschulen und Hochschultypen. Dieser quantitativen Veränderung folgt eine *qualitative Veränderung* des Hochschulsystems, die sich in traditionellen Hochschulzusammenhängen insbesondere an der Sorge um Qualitätsverschlechterung durch eine heterogene Studierendenschaft nachzeichnen lässt. Eine qualitative Veränderung lässt sich aber auch dort erkennen, wo Hochschulen ihre eigene Profilierung und Schwerpunktsetzung vorantreiben, um sich im Wettbewerb um eben diese Studierendenschaft gegenüber ihren „Mitbewerber" auszuzeichnen.

Tatsächlich wirken beide Veränderungstendenzen und die Ursachen, auf die sie zurückgehen, zusammen und verändern die Ziele und Leitideen von universitärer Lehre und Forschung. Vor allem aber legen sie die Frage nahe, ob und in wieweit die heutige Hochschullandschaft die gegenwärtige moderne Wissensarchitektur noch abbildet.

1.1 Vertikale Differenzierungen im Hochschulsystem

Deutlich wird an den oben benannten quantitativen und qualitativen Veränderungstendenzen im Hochschulsystem, dass sie sich gleichzeitig auf der Makroebene hochschulsystematischer Zusammenhänge wie auf der Mikroebene der Studierendenschaft bewegen und beide Tendenzen einander zum Teil positiv ergänzen, zum Teil aber auch negativ beeinflussen. Blickt man in dieser Frage zunächst auf die Makroebene hochschulsystematischer Zusammenhänge, so herrscht derzeit vor allem die Diagnose vor, dass die bisherige schematische Unterscheidung von nur zwei Hochschultypen weitgehend erodiert und neue Hochschultypen entstehen. EULER (2014) weist diesbezüglich darauf hin, dass sich innerhalb der insgesamt ca. 400 Hochschulen in Deutschland in den vergangenen beiden Dekaden eine zunehmende vertikale Differenzierung unterschiedlicher Hochschulformen und Institutionen abzeichnet. Dabei grenzen sich zum einen die durch Exzellenzinitiativen geförderten „Eliteuniversitäten" von „normalen" Universitäten ab.

Hinzu kommt die wachsende Zahl an privaten Universitäten sowie parallel verlaufenden Konvergenz- und Differenzierungsbemühungen auf der Ebene der Fachhochschulen. So zeigt sich eine Konvergenz zwischen Fachhochschulen und Universitäten beispielsweise in den Bemühungen bestimmter Fachhochschulen, das Promotionsrecht zu erhalten bzw. sich verstärkt im Forschungsbereich zu profilieren. Differenzierungen sind nach EULER auch dort erkennbar, wo beispielsweise staatliche, zunehmend aber auch private Fachhochschulen in einem regionalen Umfeld in eng definierten Nischenmärkten, vielfach in enger Kooperation mit einer Branche, einem Verband oder gar einem Unternehmen, spezialisierte Studiengänge anbieten.[1] Diese als eher ungesteuert einzuschätzende Differenzierung im Hochschulsystem ist dem Wissenschaftsrat (2010) zufolge zunächst positiv „als Indikator für die Leistungs- und Reaktionsfähigkeit eines Hochschulsystems"[2] anzusehen und belegt die „Dynamik und Intelligenz des Systems".[3]

Auch wenn der Wissenschaftsrat ausgehend vom Vertrauen in eben diese Dynamik und Intelligenz des Systems noch keine neue Typisierung von Hochschultypen vorschlägt, erscheint hier eine Unterscheidung von EULER in Rückgriff auf die der Autorengruppe Bildungsberichterstattung (*AGBB* 2014) hilfreich.[4] Diese Ausdifferenzierung der Hochschulprofile trägt

---

1 EULER 2014, S. 324.
2 PRENZEL 2015, S. 9.
3 Ebenda, S. 8.
4 Vgl. EULER 2014, S. 325.

wesentlich dazu bei, dass sich sehr unterschiedliche Studiengänge entwickeln. Die Vielfalt der insgesamt ca. 9350 Bachelor- sowie ca. 7350 Master-Studiengänge in Deutschland lässt sich dabei über zwei Koordinaten auf vier Grundtypen verdichten (Abb. 1).

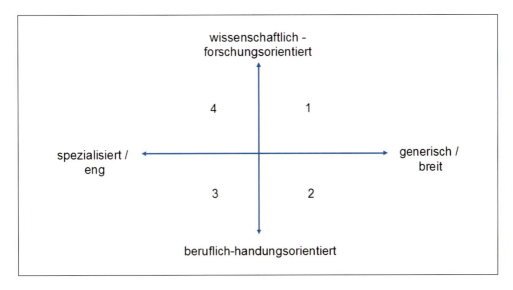

Abb. 1 Koordinaten zur Typologisierung von Studiengängen an Hochschulen

So entstehen insbesondere auf der Bachelorebene zum einen breit und generisch angelegte Studiengänge, zum anderen aber auch solche, die auf ein eng definiertes, spezialisiertes Berufsfeld ausgerichtet sind. Ferner richtet sich ein Teil der Studiengänge auf die Herausbildung eines wissenschaftlich-forschungsorientierten Profils, das bereits auf der Bachelorebene der Forschung einen hohen Stellenwert einräumt und den Transfer auf berufliche Anwendungen trotz des Postulats der „Beschäftigungsfähigkeit" nachordnet. Demgegenüber stehen Studiengänge mit einem beruflich-handlungsorientierten Profil, in denen berufspraktische Reflexionen und Erprobungen sowie induktive Theoriebildung einen hohen Stellenwert besitzen und in denen der Praxistransfer explizit unterstützt wird.

Je nach Profilierungsstrategie verorten Hochschulen, EULER zufolge, ihre Studiengänge in den jeweiligen Quadranten.[5] Dabei sei es auch denkbar, dass in einer Hochschule mehrere Quadranten besetzt werden, insbesondere können die Studiengänge auf Bachelor- und Masterebene divergieren. Die Ausdifferenzierungen im Hochschulbereich führen in grober Betrachtung dazu, dass sich innerhalb der Hochschulen mit den wissenschaftlich-forschungsorientierten sowie beruflich-handlungsorientierten Studiengängen zwei unterschiedliche Grundtypen herausbilden. Dabei lassen sich die Universitäten als immer noch „normierende Leitinstitution"[6] im Hochschulsystem im Quadranten 1 und/oder 4 verorten.

---

5 Vgl. EULER 2014, S. 325.
6 PRENZEL 2015, S. 10.

Julia Gillen

1.2 Diversität der Studierendenschaft – Potenzial oder Problem der Hochschulen?

Blickt man in der Analyse der oben benannten quantitativen und qualitativen Veränderungstendenzen im Hochschulsystem nun auf die Mikroebene der Studierendenschaft, so gilt es zunächst, das Kennzeichen der Diversität im Hinblick auf Studierende näher zu betrachten.

Terminologisch leitet sich Diversität aus dem Englischen „diversity" ab und bedeutet Vielfalt. Der Begriff steht nach STUBER für ein Phänomen der Vielfalt im Sinne wahrnehmbarer und verborgener Unterschiedlichkeit oder auch Gleichheit von Personen oder Gruppen in Hinblick auf bestimmte Faktoren.[7] LEIPRECHT betont darüber hinaus, dass mit einer diversitätsbewussten Perspektive nicht einzelne und isolierte Gruppenmerkmale im Mittelpunkt stehen, also zugeschriebene Merkmale mit einer bestimmten inhaltlichen Qualität, die sich zu einem Stigma entwickeln können, sondern vielmehr soziale Kontexte.[8] Mit dem Begriff der Diversität wird somit versucht, das Spannungsfeld zwischen individueller Unterschiedlichkeit und dem Umgang damit in politischen oder pädagogischen Kollektivprozessen und soziale Kontexten zu fassen.

Auf einer analytischen Ebene umfasst Diversität damit individuelle und gruppenbezogene, angeborene, erworbene oder durch Gesetze und institutionelle Praxis entstehende Differenzkategorien (z. B. Gender, soziokultureller Hintergrund, Alter, Religion oder Gesundheit).[9] Auf einer normativen Ebene ist Diversität mit der Wertschätzung von Vielfalt sowie der individuellen Einzigartigkeit verbunden und wendet sich gegen Diskriminierungen. Sie zielt „auf die konsequente Minimierung von Diskriminierung und die Maximierung von Partizipation und Leistungsentwicklung" (SIEVERS und ARNDT 2015).

Der hier verwendete Begriff der Diversität soll sich explizit abgrenzen gegenüber dem meist in pädagogischen Kontexten verwendeten Begriff der Heterogenität, selbst wenn in der Problemanalyse derzeit vornehmlich von einer steigenden „Heterogenität der Studierendenschaft" ausgegangen wird. Heterogenität bildet ein Synonym für die Unterschiedlichkeit von Lernvoraussetzungen, Interessen, Einstellungen, Fähigkeiten und Leistungen von Lernenden in Bildungskontexten.[10] Damit fokussiert dieser Ausdruck Fragen der Unterschiedlichkeit – allerdings mit einem deutlichen Schwerpunkt auf pädagogische Kontexte und den aus Unterschiedlichkeit resultierenden Problemlagen in Bildungsprozessen, was dem Diversitätsbegriff mit seiner Konnotation der Vielfalt als Chance nicht explizit eigen ist.

Welche Hinweise gibt es nun ausgehend von dieser Begriffsklärung zu der Frage, wie weit Diversität von Studierenden ein Potenzial oder aber ein Problem für Hochschulen darstellt? Eine sehr beachtenswerte Analyse dazu geht auf das QUEST-Projekt des Centrums für Hochschulentwicklung (CHE-QUEST) 2012 zu „Studienrelevanter Diversität" zurück. Dort wurden soziodemographische, psychometrische und studienbezogene Merkmale erhoben und zu einem Modell von Studierendentypen verdichtet, die sich hinsichtlich ihres Studienerfolgs bzw. ihrer Studienerfolgserwartung unterscheiden. Dazu wurden nicht nur die Daten zu den sechs klassischen Diversitätskategorien (Geschlecht, Alter, sexuelle Orientierung, ethnische Herkunft, Religion, Behinderungen) erhoben, sondern auch hochschulbezogene Aspekte (beispielsweise Studiengang und Art des Studiums, Leistungsparameter wie Abiturnote und Selbsteinschätzung der schulischen Leistung) sowie Aspekte der persönlichen Bedingungen der Studierenden (Erwerbstätigkeit, Wohnsituation, Kontakt zum alten sozialen Umfeld,

---

7 Zitiert nach KIMMELMANN 2009, S. 7.
8 LEIPRECHT 2009, S. 74.
9 Vgl. SIEVERS 2014.
10 Vgl. VON DER GRÖBEN 2003.

Elternschaft etc.) abgefragt. Obgleich die Studierenden in diesen Gruppen individuell verschieden sind, lassen sich anhand ihrer wichtigsten gemeinsamen Merkmale acht zugespitzte Typen von Studierenden bilden, die folgendermaßen benannt wurden:[11]

- die „Traumkandidat(inn)en",
- die „Ernüchterten",
- die „Pflichtbewussten",
- die „Nicht-Angekommenen",
- die „Lonesome Riders",
- die „Pragmatiker(innen)",
- die „Mitschwimmer(innen)",
- die „Unterstützungsbedürftigen".

Die Studierendentypen des CHE-Quest-Projekts repräsentieren damit eine Typologie von Reaktionen auf die Gegebenheiten im Studium an unterschiedlichen Hochschultypen, bei denen sich unterschiedliche Arten der Adaption an das Studium identifizieren lassen. Die Analyse macht deutlich, dass Schwierigkeiten beim Adaptionsprozess in Hochschulkontexte durchaus nicht unüberwindbar sind, sondern dass dieser Prozess von den Hochschulen unterstützt werden kann. So werden z. B. eine verbesserte Kommunikation, eine Anpassung der Studienstrukturen an die Bedürfnislagen der Studierenden oder auch didaktische Anpassungen als Veränderungspotenzial ausgewiesen. Studienrelevante Diversität wird damit als Impuls zur Verbesserung und Bereicherung der Hochschulen aufgegriffen.

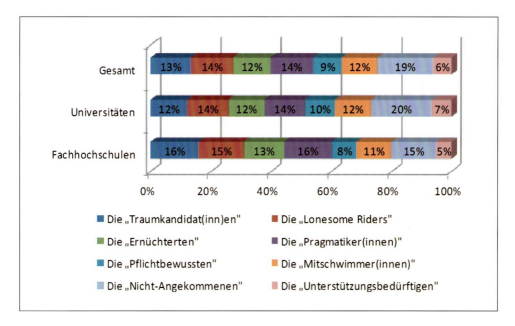

Abb. 2 Studierendentypen: Verteilung nach Art der Hochschule[12]

---

11 Vgl. *CHE-QUEST* 2012, S. 9.
12 Vgl. KREFT und LEICHSENRING 2011, S. 4.

Julia Gillen

Die Verteilung der acht ausgewiesenen Studierendentypen auf die Hochschultypen zeigt, dass gerade Universitäten mit nahezu 40 % ihrer Studierenden einen deutlich höheren Anteil an Studierenden haben, denen die Adaption in das System Universität und die dort herrschende Lernkultur besonders schwer fällt. Die als „Nicht-Angekommene" (20 %) identifizierten Lerner haben zwar Ziele, sind dabei aber sehr praxisorientiert; dagegen wenig theoriebezogen und identifizieren sich wenig mit der Hochschule. Sie wissen, was sie wollen, aber nicht, wie das Studium ihnen dabei nutzen kann.[13] Auch die „Mitschwimmer" (12 %) sind in vielen Aspekten knapp unterdurchschnittlich.[14] Sie nehmen ein mögliches Misserfolgsrisiko hin und fühlen sich dabei nicht unwohl, sind eher jünger, haben weniger Berufserfahrung und wohnen häufig noch bei den Eltern. Sie brauchen Hilfen zum Engagement, um im Studium mehr „Sinnstiftung" und Zielsetzung zu erfahren. Die „Unterstützungsbedürftigen" (7 %) schließlich bringen schwierige Voraussetzungen z. B. hinsichtlich Gesundheit, vorheriger Schulleistungen oder familiärer Verhältnisse mit. Die Universität als „immer noch normierende Leitinstitution"[15] im Hochschulsystem hat hier die besondere Verantwortung, Konzepte zu entwickeln, mit denen die intellektuellen Potenziale dieser Gruppe entwickelt und gefördert werden können.

2. Zur Modernität des humanistischen Bildungsideals

Diese Skizze der quantitativen und qualitativen Veränderungstendenzen zeigt, dass das deutsche Hochschulsystem sowohl auf der Ebene hochschulsystematischer Zusammenhänge wie auf der Mikroebene der Studierendenschaft einer Ausdifferenzierung unterliegt und damit auch die Ziele und Leitideen von universitärer Lehre und Forschung neu ausgelotet werden müssen. Wie weit – so stellt sich nun die Frage – kann dabei die alte Schablone humanistischer Bildung noch dienen oder ist es gerade dieses Bildungsideal, was den Herausforderungen der Zukunft am ehesten begegnet?

2.1 Humanistisches Denken im Spiegel des 21. Jahrhunderts

Folgt man Nida-Rümelin (2008) als einem prominenten Vertreter der gegenwärtigen Diskussion um Aufgabe und Funktion von Universitäten im Kontext des Bildungsbegriffs, so verlangt das humanistische Persönlichkeitsideal im Wesentlichen die Fähigkeit, sich selbst als Autor des eigenen Lebens zu begreifen und zugleich sich vom persönlichen Standpunkt distanzieren zu können. Dabei konstituiert sich die Autonomie einer Person nicht über ihre Wünsche, sondern über Gründe und darüber „die begründete und zugleich wahre Meinung, die Fähigkeit, gute Gründe von schlechten zu unterscheiden, die Geduld und die Geisteskraft, sich auf das bessere Argument einzulassen".[16]

Humanistisches Denken, welches diesen Fähigkeiten zugrunde liegt, zeichnet sich durch drei Merkmale aus. Zum einen ist es *universalistisch*, da es den Menschen unabhängig von seiner Hautfarbe, seiner Religion, seinem Geschlecht oder seiner Herkunft in den Blick

---

13 Vgl. *CHE-QUEST* 2012, S. 18.
14 Vgl. *CHE-QUEST* 2012, S. 19.
15 Prenzel 2015, S. 10.
16 Nida-Rümelin 2008, S. 3.

nimmt und ihm die gleiche Fähigkeit zu Verantwortung, zur Deliberation, zur Freiheit und zu Autonomie zuschreibt.[17] Humanistisches Denken ist zugleich auch *emphatisch*, da es um seine Beschränktheit der eigenen Perspektive weiß und verlangt, sich selbst in die andere Person hineinzuversetzen, um Verständigung möglich zu machen. Und schließlich ist humanistisches Denken als *inklusiv* zu bezeichnen, weil es alle einbezieht, die an Verständigung teilhaben wollen und teilhaben können. Die Wahrscheinlichkeit, so Nida-Rümelin, zu einer guten Theorie zu gelangen, wird größer, je mehr an diesem Unternehmen beteiligt sind.[18]

Alle drei Merkmale machen zunächst die Nähe des humanistischen Ideals zum oben aufgeworfenen Begriff der Diversität deutlich, da beide Konzepte als Vielfalt inkludierend und diese konstruktiv gestaltend angesehen werden können. Sie zeigen zudem, dass dieses Bildungsideal der heutigen Hochschullandschaft näher ist, als sich angesichts der stetig kritisierten Bologna-Reform vermuten ließe, und durchaus dazu angelegt ist, dass Universitäten sie in ihre Zielausrichtung aufnehmen. Eine Re-Interpretation können diese Merkmale allerdings durch die Frage erfahren, worum es für Universitäten der Zivilgesellschaft im 21. Jahrhundert geht und was dabei anders ist als bislang.

„Es geht darum aus Informationen Haltung zu machen", diagnostiziert Henning (2015) mit Verweis auf Digitalisierung und damit verbundene Herausforderungen für Universitäten. Demzufolge sei humanistisches Denken in der Zivilgesellschaft im 21. Jahrhundert gekennzeichnet durch *Urteilskraft*, die angesichts einer stetigen Verfügbarkeit von Informationen die selbständige Entscheidung ermöglicht, was zur Beantwortung von Fragen tatsächlich Bedeutung hat und worin die eigene Position besteht. Humanistisches Denken in der Zivilgesellschaft im 21. Jahrhundert zeichne sich zudem durch *Anschlussfähigkeit* aus, weil Menschen in einer Demokratie andere überzeugen müssen, sie mitnehmen und ihren Standpunkt verstehen müssen. Das wird, so Henning, umso schwerer, je diverser und breiter gestreut die Lebenswirklichkeiten und -erfahrungen sind.[19] „Anschlussfähigkeit ist das Vermögen, die eigene Position ins Verhältnis zu setzen zu anderen, die eigenen Interessen mit denen der anderen in Kontakt zu bringen, meinen Horizont mit dem der anderen zu vermitteln."[20] Und schließlich erfordere humanistisches Denken in der Zivilgesellschaft im 21. Jahrhundert *Artikulationsfähigkeit* und damit die Fähigkeit, „seine Emotionen, Ideen und Vorstellungen von Gesellschaft, seine Argumente und Impulse ausbuchstabieren zu können, ganz gleich ob wörtlich [...] oder im übertragenen Sinne".[21]

In dieser Fassung lässt sich das humanistische Bildungsideal einer Universität der Zivilgesellschaft im 21. Jahrhundert einerseits als universalistisch, emphatisch und inklusiv kennzeichnen und andererseits durch Urteilskraft, Anschlussfähigkeit und Artikulationsfähigkeit ausdifferenzieren. Eine Universität, die dieses Ideal als Leitidee verfolgt, muss sich als Entwicklungsraum für eine durch Diversität geprägte Studierendenschaft auszeichnen und dabei Persönlichkeitsbildung durch Diskurs und Konfrontation mit Forschung verfolgen. Sie muss – so lässt sich schlussfolgernd fordern – Wissen entwickeln und bewegen, statt es zu vermitteln. Und sie verpflichtet sich einem kooperativen Bemühen um Forschungsergebnisse und um Reflexion der Ergebnisse. Damit fördert die Universität eine wissenschaftliche, kritisch-konstruktive Haltung und wird zu einem „Ort, an dem aus Informationen Haltung wird" (Henning 2015).

---

17 Vgl. Nida-Rümelin 2008, S. 3.
18 Nida-Rümelin 2008, S. 4.
19 Henning 2015, S. 3.
20 Henning 2015, S. 3.
21 Henning 2015, S. 4.

Julia Gillen

2.2 Wissenschaftsbezug und Employability – ein Gegensatzpaar?

Ausgehend von einem solchen Bildungsideal, in dem Erkenntnisinteresse und Persönlichkeitsentwicklung durch Forschung im Mittelpunkt stehen, stellen der Wissenschaftsbezug einerseits und die Ausrichtung auf Employability im Sinne von Beschäftigungsfähigkeit andererseits kein wirkliches Gegensatzpaar dar. Greift man dazu auf die in der deutschen Kompetenzdiskussion meines Erachtens zu wenig beachtete Begriffsfassung der berufs- und wirtschaftspädagogischen Diskussion zurück, so lässt sich der Begriff der Employability durchaus mit dem oben skizzierten humanistischen Bildungsideal der Universität verknüpfen.

Das Leitbild der beruflichen Handlungskompetenz wurde bereits seit den 1970er Jahren geprägt und bezieht sich auf die „Fähigkeit und Bereitschaft des Menschen, vor allem in beruflichen Situationen sachgerecht und fachgerecht, persönlich durchdacht und in gesellschaftlicher Verantwortung zu handeln sowie seine Handlungsmöglichkeiten ständig weiterzuentwickeln".[22] Es geht auf den Begriff der Handlungsfähigkeit zurück, der seit 1974 mit dem Gutachten zur Neuordnung der Sekundarstufe II des Deutschen Bildungsrates verbunden ist. Mit dem Gutachten wird die Überwindung der klassischen Trennung zwischen allgemeiner und beruflicher Bildung angestrebt. Nach Auffassung des Deutschen Bildungsrates müssen Inhalt und Formen des Lernens dazu beitragen, „den jungen Menschen auf die Lebenssituation im privaten, beruflichen und öffentlichen Bereich so vorzubereiten, dass er eine reflektierte Handlungsfähigkeit erreicht".[23]

Das Leitbild ist durch seine Orientierung an Ganzheitlichkeit gekennzeichnet. Der Anspruch der Ganzheitlichkeit findet sich bei ROTH (1971), wurde in ähnlicher Form aber auch von DEWEY (1986) und KERSCHENSTEINER (1969) formuliert. Anknüpfend an die Überlegungen von PIAGET u. a. diskutiert ROTH in seiner „pädagogischen Anthropologie" die Bedingungen und Postulate einer Bildung zur Förderung von Handlungsfähigkeit über die Entwicklung von Sach-, Sozial- und Selbstkompetenz. Mit der theoretischen Fundierung und der konzeptionellen Geschlossenheit seines Persönlichkeitsbegriffs legt ROTH den Grundstein für das in die Berufspädagogik übernommene Leitbild der umfassenden beruflichen Handlungskompetenz und die Gliederung von Handlungskompetenz in die drei Dimensionen.

Seine Überlegungen zur pädagogisch-anthropologischen Theorie der Persönlichkeitsentwicklung bilden die Grundlage der Überlegungen des Deutschen Bildungsrats (1974), der drei Bereiche der Handlungsfähigkeit ausweist, wenn er fordert, integrierte Lernprozesse sollten mit der Fachkompetenz zugleich humane und gesellschaftlich-politische Kompetenzen vermitteln. Diese drei Dimensionen empfiehlt der Deutsche Bildungsrat für jeden Bildungsgang als richtungsweisend, wodurch die bisherige Trennung von beruflicher und allgemeiner Bildung überwunden wird. Allerdings stehen die Dimensionen nicht gleichwertig nebeneinander.

Vielmehr weist der Bildungsrat der humanen Kompetenz eine größere Bedeutung zu, indem er sie sehr ausführlich erläutert und inhaltlich mit einer emanzipatorischen Konnotation belegt. Humankompetenz wird nämlich mit der Fähigkeit zur kritischen Reflexivität verbunden und dadurch definiert, „dass der Lernende sich seiner selbst als eines verantwortlich Handelnder bewusst wird, dass er seinen Lebensplan im mitmenschlichen Zusammenleben selbstständig fassen und seinen Ort in Familie, Gesellschaft und Staat richtig zu finden und

---

22 BADER 1997, S. 70.
23 *Deutscher Bildungsrat* 1974, S. 49.

zu bestimmen vermag".²⁴ Die Hervorhebung des emanzipatorischen Aspektes von Humankompetenz ist auf den Einfluss der kritisch-emanzipatorischen Pädagogik zurückzuführen. Sie schlägt sich bereits in den Überlegungen ROTHS nieder, der den Zusammenhang unter dem Begriff der moralischen Handlungsfähigkeit herausarbeitet, dem er die größte Bedeutung zumisst.

Im Anschluss an die Ausführungen des Deutschen Bildungsrates ist die Dimensionierung von Handlungskompetenz in die drei Bereiche Fach-, Sozial- und Humankompetenz derzeit in der Berufs- und Wirtschaftspädagogik weit verbreitet und ermöglicht es, den Begriff der Beschäftigung mit der Idee humanistisch reflektierter Handlungsfähigkeit zu füllen, die weit über das Bild der marktbezogenen Verwertungsorientierung hinausgeht.

3. Konsequenzen für das Lehren und Lernen an den Universitäten

In dieser Verbindung von Wissenschaftsbezug und Employability ist das Ziel universitärer Lehre meines Erachtens darin zu sehen, Entwicklungsräume für die notwendigen Kenntnisse und Fähigkeiten zur Teilnahme an Prozessen der Forschung darzustellen. Dabei soll sich Forschung nicht abgelöst von Lehrveranstaltungen vollziehen, sondern vielmehr neue Verständnis- und Erkenntniswege, neue Gegenstände und Forschungsmethoden erarbeiten, die dann in die Lehre einfließen. Die Rolle der Lehrenden bzw. der Professorinnen und Pro-

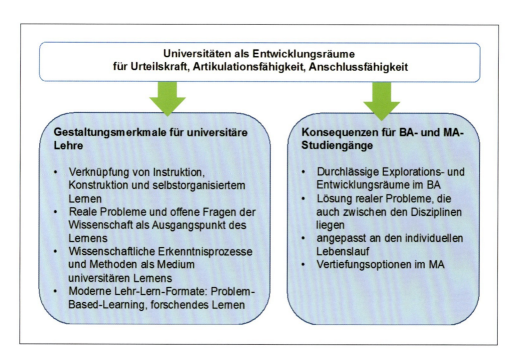

Abb. 3 Universitäten als Entwicklungsräume. Eigene Darstellung

---

24 *Deutscher Bildungsrat* 1974, S. 49.

fessoren ist es dabei, diese Einheit von Forschung und Lehre zu realisieren und die eigene Forschung zum Gegenstand von Lehre zu machen. Gemeinsam und arbeitsteilig mit den Studierenden – so die Idealvorstellung – kann sich dabei der Forschungs- und Erkenntnisprozess vollziehen, zumindest aber Teile davon.

Folgt man dieser Vorstellung, dann trägt Forschungs- und Wissenschaftsorientierung *per se* auch zur Beschäftigungsbefähigung in einem erweiterten Sinne bei. Sie kann eine kritisch-konstruktive Entscheidungsfähigkeit und Urteilskraft fördern, die auch außerhalb wissenschaftlicher Kontexte in beruflichen Zusammenhängen eine erfolgreiche Praxis ermöglicht und damit nicht auf ökonomisch verwertbare Wissensbestände und Kompetenzen beschränkt bleibt. Gefördert wird damit eine wissenschaftsfundierte Beschäftigungsfähigkeit, die im Bildungssystem vor allem durch Universitäten geleistet werden kann.

Wissenschaftsorientierung ist dann nicht als Exklusivleistung zu verstehen, die der Förderung des wissenschaftlichen Nachwuchses vorbehalten bleibt, sondern ein grundsätzliches Qualifizierungsziel für alle Studierenden, das sich in der Entwicklung einer reflexiven Haltung gegenüber den Gegenständen und der Chance auf Persönlichkeitsbildung durch Konfrontation mit Forschung ausdrückt.

Der Ansatz des Forschenden Lernens bildet in diesem Kontext den methodischen Zugang zur Einbindung von Forschung in Lehr-Lern-Prozesse auf verschiedenen Ebenen. Er steht für kooperatives Bemühen der Lehrenden und Studierenden um Entstehung, Diskussion und Reflexion von Forschungsergebnissen.

Literatur

AGBB (Autorengruppe Bildungsberichterstattung): Bildung in Deutschland 2014. Bielefeld: Bertelsmann 2014
Bader, R.: Berufliche Handlungskompetenz und ihre didaktischen Implikationen. *Comenius-Institut* (Hrsg.): Handbuch Religionsunterricht an berufsbildenden Schulen. S. 69–80. Gütersloh: Gütersloher Verlag-Haus 1997
CHE-QUEST: Studienrelevante Diversität. Kurzbeschreibung einer Methodik und von ermittelten Studierendentypen. Gütersloh: Centrum für Hochschulentwicklung (CHE) 2012
Deutscher Bildungsrat: Zur Neuordnung der Sekundarstufe II. Konzept für eine Verbindung von allgemeinem und beruflichem Lernen. Bonn: Bundesdruckerei 1974
Dewey, J.: Erziehung durch und für Erfahrung. Stuttgart: Klett-Cotta 1986
Euler, D.: Berufs- und Hochschulbildung – (ungleicher) Wettbewerb oder neue Formen des Zusammenwirkens? Zeitschrift für Berufs- und Wirtschaftspädagogik *110*/3, 321–334 (2014)
Henning, S.: Aus Informationen Haltung machen. Stifterverband, 3. Platz des Essaywettbewerb: Bildung heute. Bildungsideal einer digitalen Zeit. (http://www.stifterverband.de/essaywettbewerb/03_hennig.pdf) (2015)
Kerschensteiner, G.: Begriff der Arbeitsschule. München, Stuttgart: Oldenbourg, Teubner 1969
Kimmelmann, N.: Diversity als Thema der beruflichen Bildung. In: Kimmelmann, N. (Hrsg.): Berufliche Bildung in der Einwanderungsgesellschaft. Diversity als Herausforderung für Organisationen, Lehrkräfte und Ausbildende. S. 7–16. Aachen: Shaker 2009
Kreft, A., und Leichsenring, H.: CHE-Basisauswertung QUEST für die Leibniz Universität Hannover Befragungsrunde 2. (2011)
Leiprecht, R.: Diversity Education – eine zentrale Orientierung von Managing Diversity im Bereich beruflicher Bildung. In: Kimmelmann, N. (Hrsg.): Berufliche Bildung in der Einwanderungsgesellschaft. Diversity als Herausforderung für Organisationen, Lehrkräfte und Ausbildende. S. 66–77. Aachen: Shaker 2009
Nida-Rümelin, J.: Die Aktualität der humanistischen Universitätsidee. Vortragstext „Alte Bildungsideale und neue Herausforderungen der europäischen Universitäten". München. http://www.julian.nida-ruemelin.de/wp-content/uploads/downloads/2012/03/humanist_universitaetsidee.pdf (Zugriff 13. 11. 2015)
Prenzel, M.: Bunt, differenziert und profiliert. Über Gegenwart und Zukunft des Hochschulsystems. Forschung und Lehre. Heft *1*, 8–10 (2015)
Roth, H.: Pädagogische Anthropologie. Hannover: Beltz 1971

Sievers, I.: Individuelle Wahrnehmung, nationale Denkmuster: Bildung in der Weltgesellschaft. Einstellungen deutscher und französischer Lehrkräfte zu Heterogenität im Unterricht. Frankfurt (Main): Brandes & Apsel 2009
Sievers, I., und Arndt, A.-K.: Forschungscluster Diversität und Inklusion am Zentrum für Lehrerbildung der Leibniz Universität Hannover. (2015)
http://www.lehrerbildung.uni-hannover.de/fileadmin/zfl/ Poster_FC_Diversitaet_Inklusion_LUH_.pdf (Zugriff am 23. 2. 2015)
von der Gröben, A.: Lernen in heterogenen Gruppen. Zeitschrift für Pädagogik, Heft 55/9, 6–9 (2003)
Wissenschaftsrat: Empfehlungen zur Differenzierung der Hochschulen (2010)

    Prof. Dr. Julia Gillen
    Leibniz Universität Hannover
    Wissenschaftliche Leitung des Zentrums
    für Lehrerbildung
    Im Moore 17c
    30167 Hannover
    Bundesrepublik Deutschland
    Tel.:   +49 511 76217387
    Fax: +49 511 76217398
    E-Mail: julia.gillen@lehrerbildung.uni-hannover.de

Bologna: Utopie ohne Zukunft?

Uwe Schimank (Bremen)

Zusammenfassung

Es werden sechs Facetten der gegenwärtigen Situation von Lehre und Studium an deutschen Hochschulen aus einer institutionalistischen Perspektive diskutiert: das Verhältnis von Forschung und Lehre, die Wissensgesellschaft, „Bologna", Aufstieg durch Bildung, Ökonomisierung und der Föderalismus.

Abstract

Six aspects of the contemporary situation of teaching and studying at German universities are discussed from an institutional perspective: the research-teaching nexus, "knowledge society", "Bologna", upward mobility via education, economization, and federalism.

Was ist „die gegenwärtige moderne Wissenschaftsarchitektur"? Da diese Frage, wie aus dem kurzen Erläuterungstext zur Veranstaltung hervorgeht, für Hochschulen als Bildungseinrichtungen gestellt wird, der Fokus also nicht so sehr auf Hochschulen als Orte der Forschung gerichtet ist, werden erst einmal drei Merkmale des heutigen Hochschulstudiums als gegeben und gesetzt verzeichnet: die „etablierten Studienstrukturen", womit all das gemeint ist, was unter dem Etikett „Bologna" firmiert; die Begleiterscheinungen „einer politisch gewollten wachsenden Anzahl" von Studierenden; sowie die damit einhergehenden Umstände einer „zunehmend heterogenen Studierendenschaft", was insbesondere Voraussetzungen und Beweggründe des Studierens anbelangt.

Unter diesen Bedingungen soll der „Freiraum eines interessengeleiteten Selbststudiums" gewahrt – oder gewährt – werden, einschließlich eines „forschungsorientierten Lernens". Alles schön und gut! Aber geht das zusammen? Mindestens die folgenden Spannungsverhältnisse ließen sich denken:

– Lassen große und wachsende Studierendenzahlen ein stärkeres Eingehen auf je individuelle Lernerbiographien überhaupt zu?
– Wie stehen die mit „Bologna" verbundenen Standardisierungen und Beschleunigungen des Studiums zur Kultivierung individueller Interessen der Studierenden?
– Soll und kann ein eher interdisziplinär auf gesellschaftliche Problem- und letztlich auch Berufsfelder ausgerichtetes Studium den „klassischen Bildungsauftrag" ganz ersetzen? Kommt der Erwerb von „employability" ganz ohne Bildungserlebnisse aus?

Eine Möglichkeit, diese und noch weitere Spannungsverhältnisse abzuarbeiten, bestünde in einer entsprechenden Differenzierung des Hochschulsystems entlang der Linie, die das Pro-

Uwe Schimank

gramm des Symposiums als „Lehruniversitäten für die Massen und Forschungsuniversitäten der Elite" umschreibt. Aber ist dieses „Zukunftsszenario" gewünscht? Die Formulierungen klingen nicht so.

Wie aber soll unser Hochschulsystem sonst weiterentwickelt werden, um zwar sicher keine Gesamtmaximierung all dessen erreichen zu können, was hier als wünschenswert anklingt, aber doch zumindest in Richtung einer solchen Gesamtoptimierung zu gehen, die möglichst abzuschätzen und bewusst zu wählen vermag, wo welche Abstriche gemacht werden? Von mir wird eine „institutionenbezogene" Betrachtung dieser Frage gewünscht – keine erziehungswissenschaftliche, lernpsychologische oder hochschuldidaktische. Mit all dem könnte ich auch nicht dienen. Ich frage im Weiteren also: Wie geeignet sind die institutionellen Strukturen des deutschen Hochschulsystems, um die erwähnten Verbesserungen von Lehre und Studium zu tragen und vielleicht sogar zu unterstützen?

Oder umgekehrt gefragt, um den Tonfall von vornherein skeptischer anklingen zu lassen: Welche institutionell eingebauten Be- oder gar Verhinderungen einer Realisierung dieser Verbesserungen auf breiter Front gibt es? Ich werde somit weder vorhandene noch neu konzipierte „Utopien" oder „Visionen" von „guter" Lehre als einer der Voraussetzungen eines „guten" Studiums präsentieren, sondern – als Wortführer des Realitätsprinzips – vor Augen führen, welches Konglomerat von eher ungünstigen Rahmenbedingungen die Realisierung noch so plausibler Wünsche, die man hegen mag, nicht einfach machen dürfte. Und wenn sich bei genauerem Hinschauen herausstellt, dass ich an manchen Punkten übermäßig pessimistisch bin, würde es mich nur freuen.

Im Weiteren vermag ich kein vollständiges, auch kein sehr tiefenscharfes und in sich geschlossenes Bild zu zeichnen, sondern greife nacheinander jeweils ganz kurz und thesenhaft sechs Facetten auf, die einer „institutionenbezogenen" Betrachtung ins Auge fallen. Ich starte mit relativ institutionenfreien Überlegungen zu den Kernprozessen der Leistungsproduktion von Hochschulen und ende mit spezifisch deutschen institutionellen Strukturen der Hochschulfinanzierung.

1. Verhältnis von Lehre und Forschung

Auch wenn inzwischen für das Gros der Studierenden eine praxistaugliche Berufsqualifizierung Ziel des Studiums ist und dies mit „Bologna" auch angestrebt wird, ist damit „forschendes Lernen" durchaus weiter angesagt, vermittelt es doch Kompetenzen wie Kreativität, komplexes Denken, kooperatives Problemlösen, Beharrlichkeit etc., die man auch in vielen anderen Berufstätigkeiten jenseits des Forschens gut gebrauchen kann. Ganz abgesehen von der – freilich alles andere als vernachlässigbaren – Tatsache, dass „forschendes Lernen" vielfach angesichts später noch genauer anzusprechender schlechter Betreuungsrelationen unmöglich oder nur höchst suboptimal umzusetzen ist, sind noch zwei spezifischere Anmerkungen angebracht.

Erstens ist bekannt, was in Sonntagsreden bis heute beharrlich verschwiegen wird: Humboldts „Einheit von Forschung und Lehre" war von Anfang an in den meisten Wissenschaftsgebieten ein nicht praktizierbarer Mythos und ist seitdem angesichts der hochgradigen Spezialisierung heutiger Forschung noch viel irrealer geworden. Es lohnt sich trotzdem, in einzelnen Wissenschaftsgebieten genauer hinzuschauen, welche Arten der Verknüpfung von Lehre mit Forschung dennoch praktizierbar sind, und was sie Studierenden, die keine Forscher werden wollen, bringen können. Man könnte Bedingungen dafür spezifizieren, wann eine die Lehre bereichernde Verknüpfung möglich und wann sie unmöglich ist – wozu derzeit Jochen GLÄSER (TU Berlin) in einem vom Bundesministerium für Bildung und Forschung (BMBF) geförderten Projekt forscht. So steht hochgradige Kanonisierung der Lehre, etwa auch wegen standardisierter Staatsprüfungen, oder die schon erwähnte Größe vieler Lehrveranstaltungen einem „forschenden Lernen" entgegen; und solche Forschungsthemen, deren Bearbeitung viel Vorwissen oder länger eingeübte praktische Routinen erfordert, sind dafür ebenfalls nicht geeignet. Umgekehrt heißt das: Gering kodifizierte Wissensgebiete mit Forschungsproblemen, deren Bearbeitung wenig Vorwissen erfordert, eignen sich besser. Allgemein: Längst nicht in jedem Wissensgebiet, längst nicht in jedem Studienabschnitt und längst nicht mit allen Arten von Studierenden ist eine enge Verknüpfung von Forschung und Lehre praktikabel.

Zweitens sind durch die Governance-Reformen des „new public management" gewisse Entkopplungstendenzen von Forschung und Lehre herbeigeführt worden, die „forschendes Lernen" erschweren. Am stärksten ist so etwas in Großbritannien feststellbar, wo getrennte Grundfinanzierungsströme für Lehre auf der einen, Forschung auf der anderen Seite institutionalisiert sind (MEIER und SCHIMANK 2009). Unter diesen Bedingungen wird es für Hochschulen, Fachbereiche, Institute und einzelne Professoren zur Entscheidungsfrage: Sollen sie beides im Auge behalten oder eines maximieren? Wenn dann noch, wie im *Research Assessment Exercise*, Forschungsstärke durch finanzielle Zuwächse belohnt und -schwäche durch Kürzungen bestraft wird, muss ein rationaler Akteur Forschungsstärke, sofern vorhanden, auf Kosten der Lehre kultivieren oder bleibt auf Lehre als seine Hauptgeldquelle zurückgeworfen. So entstehen von der Forschung ferngehaltene Lehreinheiten und sich aus der Lehre heraushaltende Forschungseinheiten, und die Verknüpfung beider Aktivitäten zum Zwecke besserer Lehre wird schwieriger oder ganz unmöglich. Bislang viel schwächere Tendenzen in solch einer Richtung gibt es auch in Deutschland, u. a. im Rahmen der Exzellenzinitiative oder in Empfehlungen des Wissenschaftsrats zur Einführung von Lehrprofessuren und lehrorientierten Juniorprofessuren.

2. Wissensgesellschaft

Seit den 1960er Jahren ist eine funktionalistische Begründung für zunehmende Inklusion von immer mehr Bevölkerungsgruppen in höhere und letztlich akademische Bildung in vieler Munde: Wir leben in einer Wissensgesellschaft, in der immer mehr Vorgänge und technische Artefakte auf wissenschaftlich fundiertem Wissen beruhen. Die erforderliche Fähigkeit des kompetenten Umgangs mit solchem Wissen im Beruf wie in der sonstigen Lebensführung sichere – auch jenseits des speziellen Studienfachs – ein Studium. So heißt es.

Solange das Reden von der Wissensgesellschaft schon anhält: Weiß man eigentlich schon Genaueres darüber, inwieweit diese funktionalistische Herleitung der Studierbedürftigkeit des gesellschaftlichen Personals tatsächlich zutrifft? Unbestreitbar ist hier und da etwas dran. Aber wie viele, und welche, Gesellschaftsmitglieder müssen eigentlich wirklich ein Universitätsstudium absolvieren? Für wie viele und wen reichte ein Fachhochschulstudium völlig aus? Und wie viele Handwerksmeister, Facharbeiter, Büroangestellte etc., also nicht-akademisierte Lehrberufe, benötigen wir auch weiterhin? Zu solchen Fragen hört man fast nur Glaubenssätze statt empirisch gesicherter Befunde. Das referierte funktionalistische Argument dient eher der noch anzusprechenden Statuspolitik vieler Berufsgruppen.

Uwe Schimank

Um zur Auflockerung eine Gegenposition anzuführen: Randall Collins (2013) hat das funktionalistische Argument kürzlich grundsätzlich in Zweifel gezogen. Für ihn leben wir zwar durchaus in einer Wissensgesellschaft; doch diese verkörpert sich für ihn immer weniger in dem, was jemand sich als wissenschaftliches Wissen und Meta-Wissen über die Handhabung wissenschaftlichen Wissens in einem Studium aneignet, sondern immer mehr in Gestalt wissensbasierter Technologien, die in den nächsten Jahren massenhaft Akademiker-Arbeitsplätze für die gesellschaftlichen Mittelschichten vernichten werden: „Heute dezimieren Computerisierung, das Internet und die Flut neuer mikroelektronischer Geräte die Mittelschicht."[1] Anstatt diese These gleich ungläubig von sich zu weisen, weil nicht sein kann, was nicht sein darf, sollte man sich Collins Argumente näher anschauen.

Noch eine ganz andere Beobachtung stimmt skeptisch. Wenn die Bildungspolitiker wirklich glaubten und glauben, was sie seit Jahr und Tag als Wissensgesellschafts-Mantra – in Deutschland noch verschärft aufgrund von „Rohstoffarmut" – verkünden: Wie konnten sie dann der jahrzehntelangen finanziellen Verarmung der Hochschulen nicht nur zusehen, sondern dabei auch noch mitwirken? Auch wenn Geld nicht der einzige Qualitätsgarant ist, liegt hier ein offenkundiger Selbstwiderspruch vor, der wohl weniger auf eine mangelnde Fähigkeit zum logischen Denken als auf Heuchelei und Selbstbetrug hindeutet.

3. „Bologna"

Die „Bologna"-Reformen sind hier zunächst als technische und didaktische Veränderungen von Studiengangsstrukturen zu betrachten: Umstellung auf Bachelor/Master, studienbegleitende Prüfungen mit der Vergabe von „credit points", Konzeption der Studiengänge vom „work load" der Studierenden her, Ausrichtung der Bildungsinhalte auf „employability" einschließlich einer Vermittlung von Schlüsselqualifikationen, und schließlich dauerhafte Qualitätssicherung der Studiengänge durch Akkreditierungen und Reakkreditierungen.

Hinter dieser umfassenden formell-organisatorischen Neu-Institutionalisierung von Lehre und Studium steht nicht zuletzt ein gewachsenes Misstrauen gegenüber der akademischen Profession – genauer: den Professoren:

- Sind diese überhaupt an Lehre interessiert, oder nur an Forschung, lukrativen Nebeneinkünften oder Freizeit?
- Kümmern sie sich um Lehrmethoden und deren methodische Verbesserung, oder kann und darf jede lehren, wie gut oder schlecht sie es gerade kann?
- Haben Professoren Studiengänge als systematisch aufgebaute Ganzheiten im Blick, oder kümmert sich jeder nur um sein Themenfeld – mit dem Effekt, dass ein Studiengang in kleine Fürstentümer ohne Zusammenhang fragmentiert ist?
- Ist ihre Lehre auf berufspraktische Qualifizierung auch außerhalb der Wissenschaftlerlaufbahn ausgerichtet, oder bilden sie selbstverliebt nur zum Forscher und Professor aus?

In all diesen Hinsichten ist „Bologna" der Versuch, professioneller Selbstherrlichkeit – letzten Endes: der Selbstherrlichkeit jedes einzelnen Professors – einen Riegel vorzuschieben. Umgesetzt wird dies nicht zuletzt durch die neuen Hochschulprofessionen, die als Qualitätsmanager, Studiengangskoordinatoren u. ä. – in der freundlichen Version – „achten", „beraten"

---

[1] Collins 2013, S. 51.

und „anleiten" sollen und wollen, was von vielen Professoren aber oftmals als unfreundliches „Aufpassen" und „Besserwissen" erfahren wird (KLOKE 2014).

Egal, wie berechtigt das Misstrauen in die Professoren ist: Auf deren Seite erzeugen so motivierte Reformen weiteres Misstrauen gegenüber den Reformen und deren Umsetzern. Viele Professoren sind dagegen und fühlen sich in der Defensive – aber ohne ihr engagiertes Mitwirken kann „Bologna" nicht erfolgreich umgesetzt werden. Dienst nach Vorschrift und innere Kündigung reichen nicht aus, sondern sind im Gegenteil ein Todesstoß für die Reformambitionen. Hier stellt sich schnell eine sich selbst erfüllende Prophezeiung ein: Das fortbestehende Misstrauen in die Bereitschaft der Professoren, sich auf „Bologna" einzulassen, reduziert diese Bereitschaft noch weiter, was das Misstrauen bestätigt und verstärkt, usw.

4. Aufstieg durch Bildung

„Bologna" kann nicht nur funktionalistisch verstanden werden, sondern hat auch einen überwiegend unausgesprochenen Subtext: „Bologna" *versus* „Humboldt" als Kampf zwischen Bildungsbürgern, die sich und ihren Kindern knappe Berufschancen durch akademische Zertifikate reservieren wollen, und gegen diese soziale Schließung aufbegehrenden Aufsteigern (SCHIMANK 2010). Nicht nur „Akademikermangel", sondern auch „Bildung als Bürgerrecht" war in den 1960er Jahren ein Slogan.

Doch was bekommen seitdem diejenigen, die sich aus „bildungsfernen" sozialen Herkunftsmilieus bis an die Hochschule durchgeschlagen und dort für ihren Interessen gemäße berufsorientierte Studiengänge gekämpft haben, letzten Endes als Lohn ihrer Anstrengungen? Auch wenn die kellnernde Romanistin oder der promovierte Taxifahrer viel seltener sind, als lange Zeit suggeriert wurde, und Statistiken immer wieder zeigen, dass Akademiker ein überdurchschnittliches Einkommen und ein unterdurchschnittliches Risiko der Arbeitslosigkeit haben, gab es von Anfang an sehr skeptische Stimmen zu versprochenen weitergehenden Aufstiegschancen durch akademische Bildung. Schon früh diagnostizierten Pierre BOURDIEU und Jean Claude PASSERON (1964) eine „Illusion der Chancengleichheit": Je mehr einer Alterskohorte begehrte akademische Abschlüsse erwerben, desto weniger sind diese auf dem Arbeitsmarkt wert – und dann zählt als Türöffner zu den wirklich attraktiven Stellen doch wieder, ob jemand selbstsicher auftritt und den Hummer kunstgerecht zu zerlegen weiß. Auf gleicher Linie schilderte Raymond BOUDON (1977) die Frustration derer, die die formellen, expliziten Voraussetzungen für bestimmte Berufskarrieren erfüllt haben und dann an den informellen, unausgesprochenen scheitern. Für heute sei nochmals COLLINS zitiert, der eine „Inflation von Bildungstiteln" mit einer wenig erfreulichen „Eigendynamik" registriert: „[…] für den einzelnen Absolventen besteht die beste Antwort auf ihren absinkenden Wert im Erwerb von noch mehr Bildung. Je mehr höhere Abschlüsse kursieren, desto größer aber die Jobkonkurrenz und desto höher die von den Arbeitgebern verlangten Qualifikationen. Das führt wieder zum Streben nach höherer Bildung, zu noch mehr Wettbewerb und weiterer Qualifikationsentwertung."[2]

Dieses Bild mag nicht die ganze Wahrheit sein – doch ganz unwahr ist es wohl auch nicht. Zu einem „guten" Studium gehört aber dazu, dass man von Anfang an realistisch vermittelt bekommt, welche Arbeitsmarktchancen es einem eröffnet, und welche nicht, anstatt nach Bildungserlebnissen, die hochfliegende Träume stimulieren, jäh auf den Boden der Tatsachen zu stürzen.

---

[2] COLLINS 2013, S. 66/67.

5. Ökonomisierung

Vielen Arten des Traumtanzens ist freilich schon seit längerem dadurch ein Riegel vorgeschoben, dass selbst bescheidene Wunschträume Geld kosten, das im deutschen Hochschulsystem keiner hat. Die deutschen Hochschulen sind seit mittlerweile vierzig Jahren chronisch unterfinanziert. Hierzu sei für die Lehre lediglich darauf verwiesen, dass eine mit der sprunghaft gestiegenen Studierendenzahl seit Mitte der 1960er Jahre bereits ungünstige Betreuungsrelation von durchschnittlich 39 Studierenden pro Lehrenden Anfang der 1970er Jahre zwanzig Jahre später auf 58 Studierende gestiegen war und seitdem nicht gesunken ist,[3] was weit über dem Niveau der international führenden Universitäten liegt. Es fehlt in großem Maßstab an Lehrpersonal, weil es an Geld fehlt, um es bezahlen zu können. Das bestreitet kaum jemand; allerhöchstens verweisen Finanz- oder Hochschulpolitiker gelegentlich mal darauf, dass sie es für bestimmte Zwecke oder Hochschulen für begrenzte Zeiträume geschafft haben, die Not ein wenig zu lindern – was anerkennenswert ist, aber am Grundproblem nichts ändert. Das rhetorische Feuerwerk der im Gesamtmaßstab eben lächerlich kleinen Sonderprogramme – wozu auch der derzeitige Hochschulpakt gehört – ist ein Gerede, das das Nicht-handeln-können oder -wollen nicht zu überspielen vermag. Die jetzt schon harten Sparzwänge könnten sich im drohenden „Konsolidierungsstaat" (STREECK 2013) weiter verschärfen, damit dieser seine Kreditwürdigkeit erhalten kann – um weitere Schulden zur Schuldentilgung bzw. für die Zinszahlungen für nicht getilgte Schulden aufnehmen zu können. In Deutschland steht dafür das Stichwort „Schuldenbremse".

Hinsichtlich der Folgen für Forschung auf der einen, Lehre auf der anderen Seite stimmt verdächtig, dass die Indikatoren der Leistungsmessung – wenn man Evaluationen, aber auch die inzwischen überall institutionalisierte „leistungsorientierte Mittelzuweisung" betrachtet – für beides deutlich anders ausgerichtet sind. In der Forschung wird darauf zu achten versucht, dass nicht bloß Quantität, etwa die Anzahl von Publikationen, gemessen und verglichen wird. Man schaut auf die Erscheinungsorte und die Zitationshäufigkeiten von Publikationen; und bei den Drittmitteln wird zwischen solchen, die aufgrund eines *Peer Review* vergeben werden, und anderen unterschieden. Das zeigt, dass man in Sachen Forschung wirklich an Qualität interessiert ist. In der Lehre gibt es hingegen zwei Standardindikatoren: Anzahl der Studierenden und Absolventenzahlen. Ersterer hat angesichts der Entscheidungskriterien, die Studierende ihrer Studienortwahl zugrunde legen, mit Qualität so gut wie gar nichts zu tun, und Letzterer nur dann, wenn man die Prüfungsstandards nicht klammheimlich senkt, um hier zu punkten – was in dem Maße der Fall sein dürfte, wie dieser Indikator an Gewicht bei der Mittelzuweisung gewinnt. Was die Studierenden lernen, und welchen Weg die Absolventen längerfristig gehen: Diese viel mehr über Qualität der Lehre aussagenden Informationen fehlen weitestgehend. Insgesamt wird bei der Lehre also durch die generelle Finanzknappheit und die Kriterien der Allokation der knappen Mittel erst einmal ein starker Druck in Richtung Quantitätssteigerung ausgeübt. Massenabfertigung lautet das – sicher nicht qualitätsverdächtige – eindeutige, wenngleich unausgesprochene Motto: Wer produziert die billigsten Abschlüsse? Das vielerorts geltende Verbot, Studierenden eine Anwesenheitspflicht aufzuerlegen, erweist sich vor diesem Hintergrund als fürsorgliche Geste der Ministerien und Hochschulleitungen gegenüber dem Lehrpersonal, der Raumadministration und *last but not least* den Studierenden: Wenn wirklich immer alle Studierenden zu den Lehrveranstaltungen kämen, wären die Verhältnisse noch viel schlimmer.

---

[3] *Wissenschaftsrat* 2010, S. 157.

6. Föderalismus

Wir bleiben bei Geldfragen. Seit Beginn der Bundesrepublik besteht ein gleichbleibendes Grundmuster des Kulturföderalismus: konstitutionell verbürgte Gestaltungsbefugnisse auf Seiten der Länder, finanzielle Gestaltungsmöglichkeiten auf Seiten des Bundes – und immer wieder divergente Gestaltungsinteressen beider Seiten. Die generelle Dynamik dieser Konstellation hat dann von 1950 bis heute so ausgesehen (SCHIMANK 2014): In einem immer mehr an Bedeutung zunehmenden, expandierenden Politikfeld sind die Länder in eine unausweichliche immer größere finanzielle Abhängigkeit vom Bund geraten, der im Gegenzug immer weiter reichende formelle Befugnisse verlangt hat – die er in der außeruniversitären staatlich finanzierten Forschung auch bekommen hat, während sich für die Hochschulen ein uneindeutigeres und instabileres Bild ergibt. Also: Der Bund hat sich eingekauft. Dann kam die Föderalismusreform 2006, und die Rechte des Bundes zur Mitfinanzierung von Forschung und Lehre an Hochschulen wurden durch auftrumpfende Staatskanzleien der Länder wieder stark beschränkt – gegen die Wünsche der Länder-Wissenschaftsminister.

Was blieb, um die immer größer werdenden Finanzierungslücken der Länder zu schließen, waren größere Sonderprogramme. In Sachen Lehre ist das vor allem der Hochschulpakt für die – wie man nicht zum ersten Mal annimmt – letzte Welle geburtenstarker Jahrgänge bis 2020 gewesen, der nun vielleicht nochmals verlängert werden wird. Dennoch: Die Länder am Tropf des Bundes – das bleibt ein Dauerzustand, und man muss immer neue Vorwände finden, damit der Bund wieder ein paar Jahre weiterfinanzieren kann. Hinzu kommt die schon erwähnte „Schuldenbremse". Je konsequenter sie von Bund und Ländern praktiziert werden wird, umso schwieriger wird auch die Lage der Hochschulen nochmals werden.

7. Schluss

Mit diesem nicht eben ermutigenden Blick in die Zukunft endet meine Umschau, die von kognitiven Gegebenheiten über gesellschaftliche Bedarfe, Interessenverfolgung, Reformbemühungen bis zu finanziellen Grenzen geführt und Bedingungen, Möglichkeiten und Grenzen sowie Beweggründe, Vorwände und tatsächliche Effekte sondiert hat. Ersichtlich handelt es sich um eine zerklüftete Einschätzungslage bei fragmentierten Kräfteverhältnissen. Deswegen sind auch keine eindeutigen Bewegungsrichtungen des Gesamtsystems ausmachbar, allenfalls tastende Suchbewegungen, wenn nicht bloß Anpassungen an die Anpassungen der anderen, und umgekehrt.

Zielführende Reformen sähen anders aus. Das ist nicht als Vorwurf gemeint – sondern als Appell, endlich auf die großen Worte zu verzichten und stattdessen darüber zu reden, was wirklich hier und jetzt machbar und hilfreich wäre.

Literatur

BOUDON, R.: Die Logik der relativen Frustration [1977]. In: BOUDON, R.: Widersprüche sozialen Handelns. S. 144–168. Darmstadt, Neuwied: Luchterhand 1979
BOURDIEU, P., und PASSERON, J.-C.: Die Illusion der Chancengleichheit [1964]. Untersuchungen zur Soziologie des Bildungswesens am Beispiel Frankreichs. Stuttgart: Klett 1971
COLLINS, R.: Das Ende der Mittelschichtarbeit: Keine weiteren Auswege [2013]. In: WALLERSTEIN, I., COLLINS, R., MANN, M., DERLUGUIAN, G. M., und CALHOUN, C.: Stirbt der Kapitalismus? S. 49–88. Frankfurt (Main): Campus 2014

Kloke, K.: Qualitätsentwicklung an deutschen Hochschulen. Professionstheoretische Untersuchung eines neuen Tätigkeitsfeldes. Wiesbaden: VS 2014
Meier, F., und Schimank, U.: Matthäus schlägt Humboldt? „New Public Management" und die Einheit von Forschung und Lehre. Beiträge zur Hochschulforschung *1*, 42–61 (2009)
Schimank, U.: Humboldt in Bologna – falscher Mann am falschen Ort? In: *HIS Hochschul-Informations-System GmbH* (Hrsg.): Perspektive Studienqualität. S. 44–61. Bielefeld: Bertelsmann 2010
Schimank, U.: Hochschulfinanzierung in der Bund-Länder-Konstellation: Grundmuster, Spielräume und Effekte auf Forschung. (Wissenschaftspolitik im Dialog *11*) Berlin: Berlin-Brandenburgische Akademie der Wissenschaften 2014
Streeck, W.: Gekaufte Zeit. Die vertagte Krise des demokratischen Kapitalismus. Frankfurt (Main): Suhrkamp 2013
Wissenschaftsrat: Empfehlungen zur Rolle der Fachhochschulen im Hochschulsystem. Köln: Wissenschaftsrat 2010

 Prof. Dr. Uwe Schimank
 Universität Bremen
 Institut für Soziologie / SOCIUM
 Mary-Somerville-Straße 9
 28359 Bremen
 Bundesrepublik Deutschland
 Tel.: +49 421 21867370
 E-Mail: uwe.schimank@uni-bremen.de

3. Strategiefähigkeit und Profilbildung in Zeiten der Exzellenzinitiative

Bildung als Gemeinschaftsaufgabe von Universitäten und Forschungsorganisationen

Matthias Kleiner ML (Berlin)

Zusammenfassung

Bildung ist eine Gemeinschaftsaufgabe, die neben den Hochschulen auch die außeruniversitäre Forschung betrifft. Die Leibniz-Gemeinschaft ist als außeruniversitäre Forschungsorganisation nicht nur in der Bildungsforschung ein zentraler Akteur, sie ergänzt den universitären Bildungsauftrag auch partnerschaftlich in den Leibniz-Wissenschafts-Campi, mit gemeinsamen Berufungen, in der Doktorandenausbildung und in gemeinsamen Forschungsprojekten. Das fallende Kooperationsverbot von Bund und Ländern im Bereich der Forschung arbeitet nun weiterführend der gemeinsamen Erfüllung der Gemeinschaftsaufgabe Bildung zu. Leibniz-Institute in Universitäten – die kooperative Verknüpfung von exzellenter Forschung in Universitäten und in der Leibniz-Gemeinschaft – könnten ein Beitrag zum Erhalt der Erfolge aus der Exzellenzinitiative sein.

Abstract

Education is a common task of – among others – both universities and non-university research institutions. As a representative of the latter the Leibniz Association is not only a key player in educational research but also a partner for universities in academic training and education itself. Success stories are the Leibniz-ScienceCampi, joint appointments of scientists, doctoral training and joint research projects. The abolished ban on cooperation between the federal government and the states in research at universities could also further promote education as a common task. Leibniz-Institutes in universities – the cooperative connection of excellent research in universities and in the Leibniz Association – could thus be a contribution to maintain the achievements of the Excellence Initiative.

Die Leibniz-Gemeinschaft ist nicht unmittelbar mit einem Bildungsauftrag versehen. So würde man diesen innerhalb des deutschen Wissenschaftssystems vor allem den Hochschulen zuschreiben und es als ein Charakteristikum der außeruniversitären Forschung ansehen, sich gegenüber Lehre und Ausbildung eben gerade auf Forschung zu konzentrieren. Das stimmt und stimmt doch nicht. Bei näherem Hinsehen zeigt sich, wie eng die Leibniz-Gemeinschaft mit Bildung verbunden ist – sowohl als Schwerpunktthema ihrer Forschung als durchaus auch im Sinne ihres Auftrages zur Bildung.

1. Der Bildungsauftrag

An wen richtet sich ein – oder gar *der* Bildungsauftrag? Wer von Bildungsauftrag spricht, kann unterschiedliche Empfänger und Ausführende dieses großen Auftrages selbst meinen. Er impliziert aber zugleich Institutionen und Individuen, die Bildung erhalten und von Bildung profitieren. Das Ziel: Bildung – richtet sich an nicht weniger als alle – in verschiedenen Rollen als Persönlichkeiten, Bürger und Wähler, Berufstätige und Schüler, Eltern und Kinder. Die Ausführenden sind zunächst einmal die einschlägigen staatlichen Einrichtungen wie

Matthias Kleiner

Schulen, Fachhochschulen, Universitäten; auch Kindergärten und Kindertagesstätten haben ihn inne, ebenso gehen der öffentlich-rechtliche Rundfunk, die Medien und öffentlich finanzierte Theater dem Bildungsauftrag nach. Besonders Eltern obliegt er, der Auftrag, ihre Kinder mit Wissen und Erziehung zu bilden. Bildung ist demnach kein Zustand – Bildung ist ein Weg und eine kontinuierliche Aktivität.

Der Bildungsauftrag ist also streng genommen viele unterschiedlich ausgerichtete Bildungsaufträge, die sich auf institutionellen und individuellen Schultern unserer Gesellschaft verteilen. Ab einem gewissen Zeitpunkt im Leben fallen Beauftragter und Begünstigter immer *auch* zusammen: Dann nämlich, wenn Heranwachsende beginnen, selbst Verantwortung für ihre Bildung zu übernehmen, sich über ihre Lebenswege Gedanken zu machen und Entscheidungen für Berufe, Fachrichtungen und über Lebensaufgaben zu fällen. Der eigene Bildungsauftrag erlischt nie. Damit er aber im besten Sinne erfüllt werden kann, muss es vielfältige Bildungsmöglichkeiten und -angebote geben. Sie müssen auffindbar und zugänglich für alle gleichermaßen sein und individuelle Lern-, Aufnahme- und Umsetzungsfähigkeiten berücksichtigen. Am Ende steht Bildung für das Funktionieren und Prosperieren der Gesellschaft, die sich eben aus lauter gut ausgebildeten und sich bildenden Menschen zusammensetzt. Ein bisschen „Bildung für Bildung" – also um ihrer selbst willen – darf übrigens auch immer sein, finde ich. Was man wissen, (kennen)lernen und gestalten kann, ist in so vielfältigen Ausprägungen vergnüglich und motivierend. Das Versprechen einer Bildungsgesellschaft ist ja nicht weniger als die Bereitung und Bereitstellung vielfältiger Wege, auf denen ihre Mitglieder wandeln wollen und können und einander dabei in unterschiedlicher Weise nützlich sind.

So ist denn der Bildungsauftrag der Universitäten schon ein recht, sagen wir, elaborierter und fortgeschrittener Auftrag. Er markiert eine Weggabelung: Der Schritt in die Universität führt den Einzelnen von der Allgemeinbildung zur fachlichen Bildung. Das bedeutet mitunter die Konfrontation mit völlig neuen Zeichensystemen, mit Methoden, Vorgehens- und Denkweisen, auf die alle Bildung vorher im besten Fall vorbereitend gewirkt haben kann. Universität heute heißt ja nicht, einfach Fakten und Informationen als Wissen aufzunehmen – das ist auch weder zu leisten noch wünschenswert – sondern darum, zu lernen und selbst zu eruieren, sowohl mit bekanntem Wissen als auch mit neuen Erkenntnissen verantwortungsvoll umgehen zu können. Universität heute heißt zu lernen, Fragen zu stellen und die Räume zu erkunden, die sie öffnen.

Nicht nur deswegen, erlauben Sie mir diese kleine Randnotiz, sträubt sich etwas in mir, wenn ich gegenwärtig höre und lese, dass es *zu viele* Studierende gebe. Viele Studierende gibt es, ja. Mehr als zuvor: stimmt. Zu viele: Das ist unmöglich. Wir wissen, dass akademische Bildung individuell am sichersten zu gesellschaftlicher Teilhabe, zu Erfolg und Zufriedenheit führt; wir wissen, dass der Grad flächendeckender akademischer Bildung generell den Wohlstand von Ländern bestimmt. Nicht diejenigen, die ein Studium aufnehmen, sind zu viele, sondern die Flexibilität und Variabilität von Studiengängen, die Balance von Grundlagenwissen und Praxisnähe bis hin zum dualen Studium – und auch das je nach Fachrichtung, je nach Berufsziel und -wunsch – ist vielleicht ausbaufähig und kontinuierlich anpassungsbedürftig.

Daher ist das fallende Kooperationsverbot von Bund und Ländern im Bereich der Forschung ebenso wichtig wie erfreulich, weil es auch der Gemeinschaftsaufgabe, Bildung zu ermöglichen, zuarbeitet.

Denn die Universitäten sind die wunderbaren Orte, an denen Bildung und Forschung zusammengehören. Im besten Fall tragen sie ihre Mitglieder – die Gemeinschaft der Lehrenden und Lernenden – vom Wissen zum Forschen, vom Finden zum Suchen, vom Fragen zum Antworten, vom Wissen zum Zweifeln.

2. Leibniz als Partner in Bildung und Protagonist der Bildungsforschung

Gerade dort – an dieser Schnittstelle von Wissenschaft und Forschung – sieht sich die Leibniz-Gemeinschaft an der Seite, vielmehr: sind die Leibniz-Institute Partner der Universitäten. Vielfach kooperieren sie, berufen gemeinsam Professorinnen und Professoren und ja, bilden gemeinsam aus: Hochschulkooperationen der Leibniz-Gemeinschaft finden auch und ganz besonders in der Nachwuchsförderung und in Leibniz-WissenschaftsCampi statt, von denen die Leibniz-Gemeinschaft derzeit zwölf in thematischen Schwerpunkten unterhält:

- Leibniz-WissenschaftsCampus Berlin: Berlin Centre for Consumer Policies;
- Leibniz-WissenschaftsCampus Göttingen: Primatenkognition;
- Leibniz-WissenschaftsCampus Halle: Pflanzenbasierte Bioökonomie;
- Leibniz-WissenschaftsCampus Jena: InfectoOptics;
- Leibniz-WissenschaftsCampus Jena: Regeneratives Altern;
- Leibniz-WissenschaftsCampus Magdeburg: Center for Behavioral Brain Sciences;
- Leibniz-WissenschaftsCampus Mainz: Byzanz zwischen Orient und Okzident;
- Leibniz-WissenschaftsCampus Mannheim/Heidelberg: Empirical Linguistics and Computational Language Modeling;
- Leibniz-WissenschaftsCampus Mannheim: Mannheim Centre for Competition and Innovation (MaCCI);
- Leibniz-WissenschaftsCampus Mannheim: Steuerpolitik der Zukunft (MaTax);
- Leibniz-WissenschaftsCampus Rostock: Rostocker Phosphorforschung;
- Leibniz-WissenschaftsCampus Tübingen: Bildung in Informationsumwelten.

2.1 Bildung als Forschungsschwerpunkt der Leibniz-Gemeinschaft

Dass sich ein Leibniz-WissenschaftsCampus inhaltlich mit dem Thema „Bildung in Informationsumwelten" befasst, ist dabei kein Zufall: Die Leibniz-Gemeinschaft vereint einen Großteil der Bildungsforschung in Deutschland unter ihrem Dach. Diesem glücklichen Zusammenspiel vielfacher komplementärer Expertise trägt nicht zuletzt der Leibniz-Forschungsverbund Bildungspotenziale Rechnung.

Den vier Bildungskontexten Bildungsinstitutionen, Familie, Arbeitswelt und informelle Bildung widmen sich Expertinnen und Experten aus Erziehungswissenschaft, Ethnologie, Neurowissenschaft, Ökonomie, Politikwissenschaft, Psychologie, Soziologie, Fachdidaktiken sowie Informationswissenschaften und Informatik und erforschen gemeinsam Bildungspotenziale und ihre zahlreichen Facetten.

Dabei werden Bildungsinstitutionen für Kinder, Jugendliche und junge Erwachsene als Entwicklungsumwelten verstanden, die Opportunitätsstrukturen für gelingende kognitive, motivationale, emotionale und soziale Entwicklungsprozesse bieten. Die Wirksamkeit von Bildungsangeboten hängt zum Beispiel vom Nutzungsverhalten der Schülerinnen und Schüler beziehungsweise der Studentinnen und Studenten ab. Daraus zieht der Leibniz-Forschungsverbund die Aufgabe der systematischen Erforschung erfolgreicher Entwicklungsprozesse und ihrer Bedingungen.

Der Bereich der Familie steht – wie oben bereits erwähnt – am Anfang einer Bildungsbiographie. Insbesondere in der frühen Kindheit hat die Familie bei der Erklärung von Bildungs- und Entwicklungsunterschieden auch bei einer umfangreichen Nutzung von institutionellen Bildungsangeboten immer noch den höchsten Erklärungswert. Dabei beeinflussen Veränderungen in der Familie und der Familie als Gesamtkonstrukt Bildungsprozesse und prägen

Matthias Kleiner

damit auch die Effizienz und Effektivität von Maßnahmen. Das Zusammenspiel von Familie und institutionellen Bildungseinrichtungen hat zentrale Ansatzpunkte für bildungsbezogene Maßnahmen, um ihre Wirkung zu erhöhen.

Auch die Arbeitswelt ist ein zentraler Ort des Lernens im (jungen) Erwachsenenalter in formaler (Ausbildung, Weiterbildung) und informaler Hinsicht sowie ein wichtiger Lebensbereich, in dem Bildungserträge definiert und generiert werden. Wirtschaftlicher und technologischer Wandel der Berufswelt sowie Internationalisierungsprozesse im Bereich der Wirtschaft, der Gesetzgebung sowie die Mobilität von Personen sind dabei ständige Ursachen von Veränderungen der Arbeitswelt. Die Generierung von Wissen darüber, wie Bildungspotenziale unter diesen Bedingungen bestmöglich genutzt, aber auch im Erwerbsleben (weiter) entwickelt werden können, ist eine wichtige Zukunftsaufgabe moderner Gesellschaften.

Für die informelle Bildung sind alle Kontexte relevant, aus denen eine Person Informationen bezieht, die für sie bildungsrelevant sind: Das sind zum Beispiel Museen, Massenmedien, Freundeskreise oder Sportvereine. Acht Forschungsmuseen sind Mitglieder der Leibniz-Gemeinschaft: das Deutsche Bergbau-Museum in Bochum, das Deutsche Museum in München, das Deutsche Schifffahrtsmuseum in Bremerhaven, das Germanische Nationalmuseum in Nürnberg, das Museum für Naturkunde in Berlin, das Römisch-Germanische Zentralmuseum in Mainz, die Senckenberg Naturmuseen in Frankfurt (Main), Görlitz und Dresden sowie das Zoologische Forschungsmuseum Alexander Koenig in Bonn. Ihre Missionen verbinden die drei Linien Forschung, Sammlung und Vermittlung. Insofern stehen ihre Forschungsarbeiten und -ergebnisse immer im engen Zusammenhang mit ihrer Aufbereitung und Darstellung für die breite Öffentlichkeit, mit einem besonderen Fokus auf die jüngeren Generationen unserer Gesellschaft. Die Verbreitung digitaler Medien hat darüber hinaus die Räume der informellen Bildung bedeutend verändert und wird dies weiter tun. Einerseits entstehen neue Kontexte im Internet; andererseits werden aber auch bestehende Kontexte transformiert: Schülerinformationen aus Wikipedia oder YouTube oder durch Suchmaschinen vorinformierte Patienten sind nur zwei Beispiele für diese Entwicklung.

So gibt die kooperative Leibniz-Forschung wichtige Einblicke und Erkenntnisse für Kompetenzen und Professionalisierung, Wissen und Teilhabe, Bildung und Ungleichheit, zu Bildungserträgen und leistet relevantes Bildungsmonitoring und etabliert Informationsgrundlagen für ihre Weiterentwicklung. Sie betreffen nicht nur, aber auch die universitäre Bildung.

2.2 Bildung als Auftrag der Leibniz-Gemeinschaft

Neben diesen inhaltlichen Beiträgen zur Bildung ist die Leibniz-Gemeinschaft als Forschungsorganisation aber auch strukturell im erheblichen Umfang an der Bildung und Ausbildung junger Wissenschaftlerinnen und Wissenschaftler beteiligt: Aktuell bereiten etwa 3600 junge Wissenschaftlerinnen und Wissenschaftler in einem exzellenten, kooperativen und transdisziplinären Forschungsumfeld ihre Promotion vor. Etwa 680 Dissertationen wurden 2013 an Leibniz-Instituten erfolgreich abgeschlossen; die Doktorandinnen und Doktoranden werden dabei von den Universitäten promoviert, für deren exklusives Promotionsrecht die Leibniz-Gemeinschaft einsteht.

In der Leibniz-Gemeinschaft wird besonderer Wert darauf gelegt, dass die Forschung der Promovierenden verbindliche Bezüge zur wissenschaftlichen Arbeit ihrer Institute hat und sie dadurch in den Institutsalltag eingebunden sind. Die Promovierenden können sich auf diese Weise ein wissenschaftliches Netzwerk aufbauen und weiterführende Kompetenzen erwerben – immer in der Nähe und im Austausch mit der akademischen Lehre und ihren akademischen Betreuerinnen und Betreuern.

Die Leibniz-Gemeinschaft und ihre Mitgliedseinrichtungen verstehen sich zum einen als Partner der Universitäten und Hochschulen, mit denen sie seit jeher eng, vertrauensvoll und qualitätsgeleitet zusammenwirken. Zum anderen nimmt die Leibniz-Gemeinschaft ihren Grundsatz *Theoria cum praxi: Wissenschaft zum Wohl und Nutzen des Menschen* sehr ernst und leitet daraus ihre Forschungs- und Vermittlungsaktivitäten in der Gesellschaft für die Gesellschaft ab. Sie verbindet derzeit bekanntlich 89 selbständige Forschungseinrichtungen. Deren Ausrichtung reicht von den Natur-, Ingenieur- und Umweltwissenschaften über die Wirtschafts-, Raum- und Sozialwissenschaften bis zu den Geisteswissenschaften. Leibniz-Institute bearbeiten gesellschaftlich, ökonomisch und ökologisch relevante Fragestellungen. Sie betreiben erkenntnis- und anwendungsorientierte Grundlagenforschung. Sie unterhalten wissenschaftliche Infrastrukturen und bieten forschungsbasierte Dienstleistungen an. In Verbindung mit dieser umfassenden Aufstellung setzt die Leibniz-Gemeinschaft Schwerpunkte im Wissenstransfer zur Politik, Wissenschaft, Wirtschaft und Öffentlichkeit – und mehr noch: Sie pflegt den gegenseitigen Austausch und bindet Bürgerinnen und Bürger, ihr Wissen, ihre Neugier und ihre Fragen in Dialogen und *Citizen Science*-Projekten gezielt ein. Leibniz-Institute pflegen intensive Kooperationen auch mit der Industrie und anderen Partnern im In- und Ausland.

2.3 Leibniz in Universitäten

So betreibt und bereichert die Leibniz-Gemeinschaft Bildung in vielfacher Weise und setzt die Erfolgsgleichung ihrer Forschung als Exzellenz plus Aktualität ergibt Relevanz um.

Diese Rolle im Wissenschaftssystem in Deutschland weiterhin auszufüllen und auszubauen, ist für die Leibniz-Gemeinschaft eine selbstverständliche Aufgabe. Nun, da es gilt, dieses vielfältige und leistungsstarke Wissenschaftssystem in seiner gegenwärtig erreichten internationalen Reichweite, institutionellen Ausdifferenzierung und Aufgabenteilung sowie seiner wettbewerblichen Dynamik zu bewahren und weiterzuentwickeln, geht es um nichts weniger, als die vielfältigen Kooperationen, die im Rahmen der Bund-Länder-Pakte angeregt und bewirkt wurden, zu erhalten und fortzusetzen.

Dass Forschung und ja, auch Bildung nicht an nationalen Grenzen Halt machen, sondern freie Reichweite benötigen, um gesellschaftliche und wissenschaftliche Fragestellungen über institutionelle Rahmen bestmöglich bearbeiten zu können, ist ein Leitmotiv der Wissenschaftspolitik geworden. Die gemeinsamen Erfahrungen und Erfolge von Universitäten und außeruniversitären Forschungseinrichtungen haben belegt, dass Vernetzung, Austausch und Zusammenarbeit zwischen Partnern mit verwandten oder komplementären Forschungsinteressen und Erkenntnisprozessen unerlässlich sind. Es sind gerade die diversifizierten Strukturen des deutschen Wissenschaftssystems, die wissenschaftliche Kooperationen im Sinne ganzheitlicher und übergreifender Forschung ermöglichen und nahelegen. Die Lösungen drängender Fragen unserer Zeit erfordern zunehmend Forschung im Netzwerk und die vereinte Expertise aus Universitäten und außeruniversitären Forschungseinrichtungen gleichermaßen.

Ihre Zusammenarbeit zu fördern, zu vertiefen und verlässliche Formate zu schaffen, begünstigt den wissenschaftlichen Fortschritt und ist daher auch im internationalen Wettbewerb eine wichtige Zielsetzung.

Kooperationen zwischen Universitäten und Instituten der Leibniz-Gemeinschaft sind in ihrem gemeinsamen Handlungsraum von der reinen bis hin zur anwendungsorientierten Grundlagenforschung verortet. Sie basieren auf der thematisch breiten Forschung der Leibniz-Gemeinschaft, die vielfältige Anschlussmöglichkeiten aufweist, ebenso wie auf der wissenschaftlichen, rechtlichen und finanziellen Selbständigkeit ihrer Einrichtungen, die für die Etablierung von Zusammenarbeit vor Ort hohe Flexibilität bietet.

Im Sinne der Forschung im Netzwerk existiert erfolgreiche Zusammenarbeit in gemeinsamen Berufungen, Forschergruppen und Infrastrukturen, in der Exzellenzinitiative und in DFG-Aktivitäten, in der gemeinsamen Betreuung von Nachwuchs und in der Lehre.

Die Verknüpfung von exzellenter Förderung in Universitäten mit der kooperativen Forschung in der Leibniz-Gemeinschaft könnte daher *ein Beitrag* zum Erhalt der Erfolge aus der Exzellenzinitiative und anderer Förderformate sein. In einem wettbewerblichen Verfahren könnte eine kleine Gruppe wissenschaftlich hervorragender, strukturell und inhaltlich geeigneter und mit der oben erwähnten Mission der Leibniz-Gemeinschaft kompatibler Initiativen als *Leibniz-Institut in der Universität* mit Zukunftsperspektive ausgewählt und fortgeführt werden.

Leibniz in Universitäten sichert den Erhalt und die Weiterentwicklung der wissenschaftlichen Erträge projektorientierter Forschung in Universitäten, ohne dass dynamische Wechselwirkungen verloren gehen.

Ein entscheidendes Kriterium für die Wirksamkeit des Modells *Leibniz in Universitäten* ist zum einen die direkte substantielle und finanzielle Stärkung der Universitäten, die sie angesichts der oben angesprochenen Studierendenzahlen und ihrer zahlreichen Aufgaben so dringend benötigen.

Ein Leibniz-Institut in der Universität kann zum anderen – mit dem Status einer zentralen wissenschaftlichen Einrichtung – fakultätsübergreifend und -verbindend, aber auch selbständig neben den Fakultäten bestehen. Auch dies würde der Stärkung der Universitäten Vorschub leisten und der nötigen Einbindung in den genuin universitär-akademischen Kontext entsprechen. Eine solche oder vergleichbare Konstruktion sichert auch den Verbleib der exzellenten Einheiten in den Universitäten, die als Leibniz-Einrichtungen zugleich in beide Institutionen ausstrahlen und hineinwirken könnten.

Die mögliche Vielfalt unterschiedlicher Rechtsformen in der Leibniz-Gemeinschaft bietet auch für die Ausgestaltung von *Leibniz in Universitäten* die notwendige Flexibilität, um klare und getrennte Verwaltungs- und *Governance*-Strukturen im Einklang mit und im Dienst von Forschungsstrukturen zu errichten – eine Voraussetzung für kooperative Wissenschaft, auf die die Leibniz-Gemeinschaft auch im Rahmen ihres Evaluierungsverfahrens großen Wert legt.

Zuverlässige Kooperationsbeziehungen in Wissenschaft und Forschung sind wichtig und notwendig für das deutsche Wissenschaftssystem; besonders, um Universitäten in der Wahrnehmung ihrer zentralen Rolle und Aufgabe – Bildung im umfassenden Sinne – im Wissenschaftssystem und in der Gesellschaft zu unterstützen und dadurch zukunfts- und wettbewerbsfähig zu bleiben. Auch die Leibniz-Gemeinschaft erfüllt ihren Auftrag zum Wohle der Gesellschaft und der Menschen. Die drängenden Fragen unserer Gegenwart und Zukunft werden zunehmend systematischer Betrachtung und der Vereinigung multiperspektivischer Expertise – des übergreifenden Zusammenwirkens – bedürfen.

Denn: Bildung ist Gemeinschaftsaufgabe.

Prof. Dr.-Ing. Matthias KLEINER
Präsident
Leibniz-Gemeinschaft
Chausseestraße 111
10115 Berlin
Bundesrepublik Deutschland

Tel.: +49 30 2060490
Fax: +49 30 20604955
E-Mail: matthias.kleiner@leibniz-gemeinschaft.de

Humboldt Revisited.
Ziele akademischer Bildung in der Wissensgesellschaft des 21. Jahrhunderts

Wilhelm Krull (Hannover)

Zusammenfassung

Auch in der digitalisierten Wissensgesellschaft des 21. Jahrhunderts hält die Debatte darüber an, welche Aufgaben und Ziele mit einem Universitätsstudium verfolgt werden sollen. Während die einen vor allem in der funktional adäquaten Ausbildung von Spezialisten und des Führungsnachwuchses für Wissenschaft, Wirtschaft und Gesellschaft die Hauptaufgabe öffentlich finanzierter Hochschulen sehen, plädieren die anderen nach wie vor für eine breit angelegte, forschungsbasierte Konzeption universitärer Bildung. In historischer Perspektive reflektiert dieser Beitrag die Pfadabhängigkeiten ebenso wie die Gestaltungschancen des deutschen Universitätssystems.

Abstract

In the digitalized knowledge-based society of the 21st Century the debate is continuing about the tasks and objectives of university education. Whilst some consider a functionally adequate education of specialists and future leaders for academia, the corporate sector, and society at large as the most important remit of publicly financed universities, others are still arguing in favour of a comprehensive, research based concept of scholarly formation. Put in historical perspective, the manifold path-dependencies as well as strategic opportunities of the German university system are being discussed.

Das Thema „Bildung" ist derzeit in Deutschland nahezu omnipräsent. Ob Kindergarten, Schule oder Hochschule – allenthalben wird darüber reflektiert und diskutiert, was und wie auf welcher Stufe unseres Bildungssystems gelehrt, gelernt und gestaltet werden sollte, um der hohen Veränderungsdynamik der digitalen Wissensgesellschaft gewachsen zu sein. Dabei rückt die Frage nach den jeweils zu erreichenden Bildungszielen wieder in den Mittelpunkt der Debatten.

In der Wochenzeitung *Die Zeit* wurde beispielsweise Ende Januar 2015 darüber gestritten, inwieweit eine durch kulturhistorisches Fachwissen geprägte Form der Allgemeinbildung noch zeitgemäß erscheint. Während Ulrich Greiner dafür plädierte, dass die ästhetische Erziehung „zentraler Gegenstand schulischer Bildung" bleiben sollte und deshalb die „scheinbar unnützen Schulfächer"[1] zu erhalten seien, widersprach ihm der an der Harvard-Universität lehrende Dozent Yascha Mounk ganz entschieden. Mounk kritisierte nicht nur die nach wie vor dominante Orientierung am herkömmlichen Kanon klassischer Schulbildung und sah darin zugleich einen wesentlichen Grund für die im internationalen Vergleich geringere Chancengerechtigkeit des deutschen Bildungssystems, sondern monierte vor allem die Fokussierung auf „sinnentleertes Faktensammeln" anstatt „die Fantasie und analytisches Denken"[2] der Schüler und Studierenden zu beflügeln.

---

[1] Greiner 2015, S. 75.
[2] Mounk 2015, S. 63.

Wilhelm Krull

Besonders hart ging Yascha MOUNK mit den Anforderungen deutscher Universitäten ins Gericht: „Hausarbeiten an der Universität sind oft nur eine reine Literaturschau. Studenten sollen das vor ihrer Zeit erzeugte Wissen bestaunen, zusammenfassen und – wenn es hochkommt – geschickt arrangieren. Das wirkt sich auch auf die Recherchekultur aus. In Germanistik, Geschichte oder Soziologie fehlt vielen publizierten Artikeln ein erkennbares Argument, von Struktur und klarer Sprache ganz zu schweigen. Um an der Universität Karriere zu machen, braucht man keine originellen Einsichten. Es reicht ‚Experte' zu sein."[3]

Die damit aufgeworfene Frage nach den Aufgaben und Zielen akademischer Bildung hat bereits seit geraumer Zeit, nicht zuletzt im Zuge des Bologna-Prozesses, wieder an Fahrt aufgenommen. Als der seinerzeitige „Zukunftsminister" Jürgen RÜTTGERS 1997 bei der Jahresversammlung der Hochschulrektorenkonferenz in Siegen verkündete: „Humboldts Universität ist tot" ging ein Aufschrei durch die Republik. Als eben jener Minister 2009 wieder vor die Hochschulrektorenkonferenz trat – dieses Mal in seiner Funktion als Ministerpräsident von Nordrhein-Westfalen – präzisierte er: „Auch wenn die Universität Humboldts von früher tot ist: Lebendig ist und bleibt das Humboldtsche Bildungsideal."[4] Doch auch diese Position von Jürgen RÜTTGERS ist keineswegs unumstritten. Folgt man dem Soziologen Uwe SCHIMANK, so ist Wilhelm VON HUMBOLDT in der heutigen Hochschuldebatte der falsche Mann am falschen Ort. In seinem ebenfalls 2009 in der *FAZ* erschienenen Beitrag schildert SCHIMANK den Streit um die Hochschulreform als eine Art Klassenkampf zwischen bourgeoisen Humboldtianern und proletarischen Bolognesern. Er kommt zu dem Schluss: „Das Alte und das Neue prallen aufeinander, aber beide taugen nichts."[5]

Doch worauf berufen sich die Humboldtianer, welche Bastion verteidigen die „letzten Krieger Humboldts"?[6] Ein Blick zurück kann vielleicht zur Entmystifizierung des komplexen Humboldtgeflechts beitragen. Denn wer die Zukunft auf verantwortungsvolle Weise gestalten will, der muss zuallererst die Vergangenheit verstehen.

1. Mythos Humboldt

Klagen über eine Unterfinanzierung der Hochschulen, über überfüllte Hörsäle und Seminare, über die unsichere Situation des wissenschaftlichen Nachwuchses, über die Kluft zwischen Professoren und Studierenden, die Überlastung der Lehrenden einerseits und die dem Bildungs- und Ausbildungsauftrag der Hochschulen nicht genügende Lehre andererseits sind keineswegs eine Erscheinung der letzten 30 Jahre, sondern lassen sich schon für die Zeit um 1900 belegen.[7]

Die deutsche Forschungsuniversität genoss damals weltweit einen hervorragenden Ruf und befand sich zugleich bereits im vielfach als schwierig empfundenen, von manch anderen, wie etwa Adolph VON HARNACK, aber auch als Chance begriffenen Übergang zu einer neuen Ortsbestimmung im „Großbetrieb der Wissenschaft".

Parallel zu dieser Entwicklung entstand der deutsche Hochschuldebatten bis heute prägende „Mythos Humboldt". Erst Ende des 19. Jahrhunderts war HUMBOLDTS berühmte, in den letzten 100 Jahren so häufig zitierte Denkschrift *Über die innere und äußere Organi-*

---

3 MOUNK 2015, S. 63.
4 RÜTTGERS [2009] 2010, S. 27.
5 SCHIMANK 2009.
6 SCHIMANK 2009.
7 PALETSCHEK 2007, S. 15.

sation der höheren wissenschaftlichen Anstalten in Berlin von seinem Biographen Bruno GEBHARDT im Archiv entdeckt und erstmals 1903 vollständig publiziert worden. Im 19. Jahrhundert war also diese Schrift, die als Zentralstück der Humboldtschen Universitätsidee gilt, ganz und gar unbekannt.[8]

Dass sie in den folgenden Jahren und Jahrzehnten eine so große Bedeutung gewann und vielfältige Wirkung entfaltete, erklärt sich aus mehreren Gründen: Zum einen schien diese Schrift das Universitäts- und Wissenschaftsverständnis der Zeit um 1900 zu beschreiben und zugleich zu legitimieren, zum anderen begünstigte eine preußenzentrierte Geschichtsbetrachtung die Vorstellung, dass mit der im Zuge der preußischen Reformen gegründeten Berliner Universität zugleich die moderne deutsche Universität begründet worden sei. 1909/10 beging die renommierte Berliner Universität feierlich ihr 100-jähriges Jubiläum. Ihre Erfolgsgeschichte wurde in Festreden und -schriften in erster Linie auf ihren Gründer Wilhelm VON HUMBOLDT und die als überzeitlich propagierte neuhumanistische Universitätsidee zurückgeführt.[9]

Noch weiter an Bedeutung gewann die Rückbesinnung auf das Humboldtsche Bildungs- und Universitätsideal in den 1920er Jahren. Nach dem Ersten Weltkrieg wurden Forderungen nach einer Reform der Universitäten laut, da man u. a. Mängel im Erziehungssystem für die militärische Niederlage verantwortlich machte. Eine Parallele zwischen der Situation Preußens nach der Niederlage gegen NAPOLEON und der Situation Deutschlands nach dem Verlust des Ersten Weltkriegs zu ziehen, lag scheinbar auf der Hand, und so gewannen HUMBOLDTS über 100 Jahre zurückliegende Reformbemühungen erneut an Aktualität.[10]

Dass man in den 1920er Jahren ein geradezu emphatisch verklärtes Bild von der deutschen Universität hatte, belegt folgendes Zitat des preußischen Kultusministers und früheren Orientalistikprofessors Carl Heinrich BECKER (1876–1933), der 1924 schrieb: „Vom Wesen der deutschen Universität kann man nur mit ehrfürchtiger Scheu sprechen […] Wenn wir von Universität sprechen […] steht klar und deutlich ein Idealbild vor der Seele, eine Art von Gralsburg der reinen Wissenschaft. Ihre Ritter vollziehen einen heiligen Dienst."[11] Doch worauf bezog sich dieses Idealbild einer „Gralsburg der reinen Wissenschaft"?

2. Humboldt damals – und heute

Auf Wilhelm VON HUMBOLDT berufen können sich in der aktuellen Hochschulreformdebatte u. a. jene, die betonen (und sich mit ihrer Auffassung offenbar in der ersten Phase des Bologna-Prozesses nicht durchsetzen konnten), dass die Hochschule keine „Fortsetzung der Schule mit anderen Mitteln" werden soll und darf. HUMBOLDT trifft eine klare Unterscheidung zwischen Universität und Schule. „Der Zweck des Schulunterrichts", so heißt es in seinem Königsberger Schulplan von 1809, „ist die Übung der Fähigkeiten und die Erwerbung der Kenntnisse, ohne welche wissenschaftliche Einsicht und Kunstfertigkeit unmöglich ist. Beide sollen durch ihn vorbereitet, der junge Mensch soll instand gesetzt werden, den Stoff, an welchen sich alles eigene Schaffen immer anschließen muss, teils schon jetzt wirklich zu sammeln, teils künftig nach Gefallen sammeln zu können und die intellektuell-mechanischen Kräfte auszubilden. Er ist auf doppelte Weise, einmal mit dem Lernen selbst, dann mit dem

---

8 PALETSCHEK 2002, S. 187.
9 PALETSCHEK 2002, S. 189ff.
10 PALETSCHEK 2002, S. 191.
11 BECKER 1919/25, S. 193.

Lernen des Lernens beschäftigt. Aber alle seine Funktionen sind nur relativ, immer einem Höheren untergeordnet, nur Sammeln, Vergleichen, Ordnen, Prüfen usf. Das Absolute wird nur angeregt."[12] Die Schulen, so schreibt er in seiner berühmten Denkschrift, sollten „den höheren wissenschaftlichen Anstalten gehörig in die Hände arbeiten".[13] Letztere sollten keineswegs „nur eine höhere Schulklasse",[14] sondern vielmehr durch die Einheit von Forschung und Lehre, die Gemeinschaft der Lernenden und Lehrenden, Einsamkeit und Freiheit sowie – in unsere heutige Sprache übersetzt – die Prinzipien des „forschenden Lernens" und des „fragenden Forschens" gekennzeichnet sein. Die Studierenden sollten sich also von Anfang an intensiv mit den Grenzen und Begrenztheiten wissenschaftlich gesicherten Wissens auseinandersetzen. HUMBOLDT selbst schrieb dazu: „Es ist ferner eine Eigentümlichkeit der höheren wissenschaftlichen Anstalten, dass sie die Wissenschaft immer als ein noch nicht ganz aufgelöstes Problem behandeln und daher immer im Forschen bleiben, da die Schule es nur mit fertigen und abgemachten Kenntnissen zu tun hat und lernt."[15]

HUMBOLDT betonte nicht nur den Unterschied zwischen Schule und Hochschule, sondern zeigte auch den Zusammenhang zwischen den beiden Bildungseinrichtungen auf. Zwar hat jede ihre eigene Aufgabe, doch sind sie zugleich auch aufeinander bezogen – eine erfolgreiche Bildungspolitik muss daher gleichsam einen „ganzheitlichen" Ansatz verfolgen und bei ihren Reformbemühungen Schulen und Hochschulen gleichzeitig und zusammen in den Blick nehmen. Wie schwierig die Umsetzung eines solchen Ansatzes angesichts der föderalen Strukturen und unterschiedlichen Ressortzuständigkeiten in Deutschland ist – davon können Landes- und Bundespolitiker/innen gleichermaßen ein Lied singen!

Dennoch muss immer wieder die Frage gestellt werden: Welchen Bildungsauftrag müssen Schulen und Hochschulen gemeinsam – und zugleich aufgrund ihrer unterschiedlichen Aufgaben in jeweils unterschiedlicher Weise – in der heutigen Zeit erfüllen?

Das Humboldtsche Bildungsideal richtete sich an eine kleine Elite (1 % eines Jahrgangs). Selbst wenn der Staat den chronisch unterfinanzierten deutschen Hochschulen wesentlich mehr Geld zur Verfügung stellte, wäre „Humboldt für alle" weder ein erreichbares noch ein erstrebenswertes Ziel. Schließlich bilden die heutigen Hochschulen Akademiker für viele Berufsfelder und nicht nur für Wissenschaft und Staatsdienst aus. Das Studienangebot staatlich finanzierter Hochschulen muss sich auch nach den Bedürfnissen des Staates und der Wirtschaft sowie nicht zuletzt nach den Berufszielen der Studierenden richten.

Ein falsch verstandenes Egalitätsprinzip hat allgemeine Mittelmäßigkeit zur Folge. Diejenigen Studierenden, die befähigt und interessiert sind, eine wissenschaftliche Laufbahn einzuschlagen, sollten dazu ermutigt und entsprechend gefördert werden, diejenigen, die nach dem Studium die Hochschule verlassen möchten, um einen auf akademischer Ausbildung fußenden Beruf zu ergreifen, sollten während des Studiums die notwendigen Kenntnisse und Fertigkeiten vermittelt bekommen, um sich in der Berufspraxis bewähren zu können. Hier wird von den Hochschulen gleich in mehrfacher Hinsicht ein Spagat verlangt: zuallererst zwischen einer soliden akademischen Berufsausbildung für eine stetig wachsende Zahl von Studierenden auf der einen, und der Exzellenzförderung einer kleineren Gruppe zukünftiger Forscherinnen und Forscher auf der anderen Seite.

---

12 HUMBOLDT [1809] 1964, S. 170.
13 HUMBOLDT [1810] 1964, S. 260.
14 HUMBOLDT [1810] 1964, S. 260.
15 Zitiert nach SCHIMANK 2009.

Für die Bewältigung dieser doppelten Aufgabe könnten die im Zuge der Bologna-Reform eingeführten neuen Studiengänge theoretisch sehr hilfreich sein. Theoretisch – da ihre praktische Umsetzung an vielen Fakultäten deutscher Universitäten weder dem Geiste noch der Sache nach den Reformbestrebungen des Bologna-Prozesses entspricht und damit – zumindest vorerst – die Chance vertan wurde, durch ein zweistufiges Studienmodell und – insbesondere im Masterbereich – die klare Unterscheidung zwischen professionsorientierten und forschungsbasierten Studiengängen der wachsenden Zahl an Studierenden und ihren unterschiedlichen Studieninteressen gerecht zu werden.

Mit der fast flächendeckenden Einführung von auf drei statt (wie ebenfalls möglich) auf vier Jahre angelegten Bachelor-Studiengängen haben die Fakultäten zudem ihre Studiengänge in ein Korsett gezwängt, das so von Bologna keineswegs vorgegeben war und ist. So ermöglichen die neuen Curricula häufig nicht, jenen weiteren Spagat jeder Hochschulausbildung – und zwar den zwischen der Vermittlung von Überblickskompetenz und der Aneignung von Spezialwissen – elegant zu meistern. Die alten Curricula plagt jedoch die gleiche Schwäche: mit sturem Auswendiglernen und Wissensabfrage per Multiple Choice, etwa im Medizinstudium, oder mit privat bezahltem Repetitor zum juristischen Staatsexamen – diese Formen der Wissensaneignung und -vermittlung entsprechen zweifelsohne weder dem Humboldtschen Bildungsideal noch neuesten Erkenntnissen der in Deutschland bislang sträflich vernachlässigten Lehr- und Lernforschung.

In der zweiten Phase des Bologna-Prozesses besteht meines Erachtens aber durchaus noch die Chance, die nur widerstrebend umgebauten Curricula zu überdenken und neu zu konfigurieren. Studierende sollten dabei von den Hochschulen nicht etwa – wie man es in den letzten Jahren häufig gehört und gelesen hat – als Konsumenten oder Kunden, sondern vielmehr, insbesondere in der Graduiertenausbildung, als Co-Produzenten ihres eigenen Bildungs- und Erkenntnisfortschritts ernst genommen werden. Auch in den Bachelor-Studiengängen, die in erster Linie der Vermittlung eines breit angelegten Fachwissens dienen, sollten die Studierenden keineswegs nur Rezipienten von Faktenwissen, sondern vor allem als aktiv Beteiligte an ihrem Wissensaufbau gesehen und dazu angehalten werden, sich von Anfang an selbst auf kreative und produktive Weise Wissen anzueignen.[16]

3. Ein Blick zurück nach vorn

Aufgrund der katastrophalen Betreuungsrelationen an deutschen Hochschulen (von durchschnittlich 1:66 *versus* 1:9 an angelsächsischen Spitzenuniversitäten) sind der Umsetzung des Prinzips des „forschenden Lernens" und des „fragenden Forschens" in den grundständigen Studiengängen zwar enge Grenzen gesetzt; dennoch sollte dieses – immer noch aktuelle – Prinzip bei der Gestaltung der Curricula viel stärker berücksichtigt und insbesondere gleich zu Beginn, z. B. in Form von Einführungskursen, die Freiraum für eigenes Denken und die Entfaltung schöpferischer Fähigkeiten gewähren, aber auch später in die Graduiertenausbildung, d. h. die stärker auf Spezialisierung zielende Ausbildung von Master- und PhD-Studierenden, Eingang finden. Die begabtesten Studierenden sollten schon früh die Möglichkeit erhalten, am Forschungsprozess intensiv zu partizipieren, und bereits im ersten Studienjahr den Grundstein für ihre weitere wissenschaftliche Ausbildung legen können. In der Graduiertenausbildung lässt

---

16 KRULL 2009, S. 194ff.

sich dann schließlich aufgrund der besseren Betreuungsrelationen auch die von HUMBOLDT postulierte, an deutschen Hochschulen in der Praxis jedoch häufig vernachlässigte Gemeinschaft der Lehrenden und Lernenden in den strukturierten *Graduate Schools* erfolgreich umsetzen.

Die von HUMBOLDT geforderte und angeblich durch den Bologna-Prozess bedrohte Einheit von Forschung und Lehre kann auch in Zeiten gestiegener Lehr- und Prüfungsverpflichtungen aufrecht erhalten werden, wenn sie flexibler gestaltet wird als bisher an deutschen Hochschulen üblich; genannt sei nur das Stichwort ‚Fakultätsdeputat'. Der derzeitige Hochschulreformprozess bringt nicht nur keineswegs zu leugnende Schwierigkeiten und Probleme mit sich, sondern auch die Chance, weiterhin zentrale Aspekte des Humboldtschen Bildungsideals angepasst an die Anforderungen und Rahmenbedingungen unserer Zeit in den Hochschulen des 21. Jahrhunderts zu realisieren.

Gerade in Zeiten rasanten Wandels gewinnt die Sehnsucht nach Stabilität und nach „Bildung ohne Verfallsdatum" weiter an Bedeutung. Das schon häufig für tot erklärte Humboldtsche Bildungsideal und die als „Mythos Humboldt" apostrophierte Universitätskonzeption erleben erfreulicherweise seit geraumer Zeit – nicht zuletzt im Gefolge des Bologna-Prozesses – eine Renaissance. Als eine Art „Allzweckwaffe" in hochschulpolitischen Debatten sollte das auf die Ausbildung einer kleinen, staatstragenden Elite zielende und erst 100 Jahre nach seiner Entstehung zum Mythos verklärte Humboldtsche Bildungsideal aber nicht missbraucht werden. Für jede Exzellenzuniversität, die mit dem Anspruch auftritt, eine international wettbewerbsfähige Forschungsuniversität zu sein und sich somit den komplementären Prinzipien der „Lehre aus Forschung" und des „forschenden Lernens" verpflichtet fühlt, bieten die einschlägigen Schriften Wilhelm VON HUMBOLDTS jedoch auch heute noch einen wichtigen Orientierungsrahmen, den es freilich neu zu interpretieren und in curricular gelebte Praxis umzusetzen gilt.

Die informationstechnische Revolution nahezu aller Kommunikationsprozesse und die immer rascher voranschreitende Spezialisierung, insbesondere in der naturwissenschaftlich-technischen Forschung, machen es zwingend erforderlich, über die Funktion von Bildung im Zeitalter ihrer technischen Reproduzierbarkeit neu nachzudenken. Spannungsbögen und Widersprüche, die die Lehr- und Lernstruktur der Zukunft beeinflussen, konzentrieren sich vor allem auf die Suche nach einer neuen Balance zwischen dem für den weiteren Erkenntnisfortschritt qua Forschung unvermeidlichen Maß an Spezialisierung einerseits und dem ebenso notwendigen Erwerb von Überblickskompetenz und Urteilsfähigkeit andererseits. Zugespitzt, aber nicht widerspruchsfrei formuliert: Je spezialisierter und eng geführter die Forschung, desto wichtiger werden die Vermittlung von breit gefächertem Wissen und die Persönlichkeitsbildung!

Um dieses Ziel zu erreichen, scheint es unumgänglich, sowohl die Anforderungen an Curricula für die künftigen Führungskräfte in Wissenschaft, Wirtschaft und Gesellschaft als auch die Erfolgsvoraussetzungen für das Erzielen herausragender Forschungsergebnisse genauer zu analysieren, in ihren Konsequenzen zu durchdenken und die entsprechenden Inhalte, Strukturen und Prozesse neu zu konfigurieren. Insbesondere bei der Definition künftiger Ausbildungserfordernisse sind uns dabei amerikanische Spitzenuniversitäten und Vordenkerinstitutionen bereits vorausgeeilt, und zwar sowohl auf dem Feld der Anforderungen an die Studienanfänger und Bachelorabsolventen als auch auf dem der strukturierten Doktorandenausbildung.

Im Frühjahr 2007 hat die *Harvard Task Force on General Education* ihren Bericht veröffentlicht, in dem sie acht essenzielle Bereiche identifiziert, die durch eine zeitgemäße, den komplexen Erfordernissen des 21. Jahrhunderts gerecht werdende Ausbildung künftiger Führungskräfte abgedeckt sein sollten:

- Aesthetic and Interpretive Understanding;
- Culture and Belief;
- Empirical Reasoning;
- Ethical Reasoning;
- Science of Living Systems;
- Science of the Physical Universe;
- Societies in the World;
- The United States in the World.

Man mag in diesen Stichworten eine allzu große Betonung der USA-spezifischen Erfordernisse erkennen. In jedem Fall scheint mir klar zu sein, dass ein europäisches Curriculum auch andere Akzente, z. B. zur Entwicklung interkultureller Kompetenz, zu setzen hätte. Gleichwohl ist dieser Vorschlag aus Harvard nicht zuletzt deshalb als Leitlinie des Überdenkens oft überspezialisierter Curricula geeignet, weil er zeigt, wie das notwendige Überblickswissen, die Erzeugung von Urteilsfähigkeit und von breit angelegten Handlungskompetenzen in einem Curriculum zusammengeführt werden können.

Mit einem umfangreichen Essayband und weiteren Veröffentlichungen hat die *Carnegie Foundation for the Advancement of Teaching* seit 2006 eindringlich darauf aufmerksam gemacht, dass unter den Bedingungen der Digitalisierung des Wissens und den damit verbundenen Beschleunigungsprozessen in nahezu allen Bereichen des Lebens auch eine Revision herkömmlicher Muster der Doktorandenbetreuung unerlässlich ist. Hier gilt es vor allem, eine neue Balance zwischen der für den jeweiligen Erkenntnisfortschritt notwendigen Spezialisierung und der für künftige Führungsaufgaben ebenso wichtigen Überblicks- und Urteilskompetenz – gepaart mit ausgeprägten kommunikativen Fähigkeiten – zu finden. In dem Konzept der *Stewardship* – also dem Erwerb von Überblickskomponenten und Steuerungsfähigkeit – versucht die *Carnegie Foundation for the Advancement of Teaching* die vielfältigen Anforderungen zu bündeln.

Wenn wir Bildung als einen Prozess begreifen, in dem jeder Einzelne prinzipiell die Chance bekommt, sich selbst zu entdecken und im jeweiligen historischen Kontext zu verorten, sein je eigenes Potenzial zu entfalten und damit auch die jeweiligen Möglichkeiten in der Welt zu erschließen, dann ist zugleich klar, dass die Verbindung der verschiedenen, gleichermaßen Fach- wie Führungskompetenzen vermittelnden Ausbildungsgänge mit einer umfassenden Kultur der Kreativität die große Aufgabe der Zukunft sein wird. Für deren Ausgestaltung liegen bislang erst wenige, eher bruchstückhafte, oft nur einzelne Aspekte beleuchtende Untersuchungen und Überlegungen vor. So hat z. B. Rogers HOLLINGSWORTH zum Verhältnis von Diversität der Methoden und Disziplinen in führenden biomedizinischen Forschungseinrichtungen und Hochschulen einerseits sowie zum Ausmaß an Intensität der Kommunikation und fruchtbringenden Interaktionen andererseits festgestellt, dass vor allem mittelgroße Hochschulen und Forschungseinrichtungen die besten Voraussetzungen bieten, um eine Durchbrüche begünstigende Forschungskultur zu gewährleisten. Der folgende Versuch einer Systematisierung von Erfolgsvoraussetzungen kann daher nur vorläufigen Charakter haben. Er erscheint mir jedoch geboten, um die Debatte über die kreative Universität der Zukunft voranzubringen. Damit eine inspirierende Atmosphäre – gerade auch für Studierende und den wissenschaftlichen Nachwuchs – geschaffen werden kann, sollten folgende Bedingungen erfüllt sein:

- Kompetenz und die Freiheit, diese stetig weiterzuentwickeln;
- Mut, nicht nur der jeweiligen Forscherpersönlichkeit, sondern auch der Hochschulleitung, für die getroffenen Entscheidungen geradezustehen;

- Innovationsbereitschaft gepaart mit einem hohen Maß an Geduld und Fehlertoleranz;
- Kommunikationsfähigkeit im Sinne umfassender, auch das genaue Hinhören einschließender Interaktivität;
- Vielfalt als Resultat einer behutsam aufgebauten Diversität, ohne in allzu große Heterogenität zu verfallen (wie in vielen Massenuniversitäten);
- Ausdauer und Entschlossenheit, das gesteckte Ziel zumindest auf lange Sicht auch zu erreichen;
- Offenheit für den glücklichen Zufall (*serendipity*), der zwar durch ein intellektuell herausforderndes Umfeld begünstigt wird, sich planerischen Absichten aber weitgehend entzieht.

Nun sind institutionelle Rahmenbedingungen und Organisationserfordernisse mit Freiräumen für ergebnisoffene Bildungsprozesse und kreatives Forschen nicht ohne Weiteres vereinbar. Gerade in Zeiten knapper Ressourcen und erhöhter Rechenschaftspflicht stehen nur allzu oft Erfordernisse der ordnungsgemäßen, von zahlreichen administrativen Regelungen umstellten Hochschulwelt einer auf das Durchbrechen herkömmlicher Sichtweisen und Regeln zielenden Kreativität diametral entgegen, zumal sich wissenschaftliches Neuland nur selten auf direktem Wege und in dem vorgesehenen Zeitrahmen erschließt. Trotz gegenläufiger, von kurzatmigen Effizienzkriterien geprägter Trends lohnt es sich jedoch gerade heute, für die Entfaltung einer transdisziplinär angelegten Kultur der Kreativität einzutreten. Zeit und Gelegenheit zum Gedankenaustausch jenseits des eigenen Faches, Freiräume zur Entdeckung der eigenen Fähigkeiten und nicht zuletzt Anregungen, die aus der Vernetzung mit herausragenden Persönlichkeiten ganz unterschiedlicher Lebensbereiche resultieren, sind essenzielle Voraussetzungen für das Erzielen von Bildungserfolgen.

4. Zusammenfassung und Ausblick

„Wer nichts als Chemie versteht, versteht auch die nicht recht"[17] – so brachte der Göttinger Universalgelehrte Georg Christoph LICHTENBERG die Gefahr allzu eng abgesteckter Wissensfelder schon Ende des 18. Jahrhunderts auf den Punkt. Hochschulabsolventen müssen heute sowohl über solide Fachkenntnisse als auch über das notwendige Überblickswissen verfügen, um die Welt von morgen phantasievoll und nachhaltig mitgestalten zu können. Dieser doppelte Anspruch stellt hohe Anforderungen nicht nur an die Studierenden, sondern auch an die Hochschulen, die – nicht zuletzt angesichts des sich verschärfenden, weltweiten Wettbewerbs um die größten Talente – neue Curricula entwickeln müssen, die eine zeitgemäße, den komplexen und bisweilen komplizierten Erfordernissen des 21. Jahrhunderts gerecht werdende universitäre Bildung ermöglichen. Rankings und Ratings können deren Erfolge oder Misserfolge allenfalls in Randbereichen mitreflektieren. Und auch Wettbewerbe sind nur in eingeschränktem Maße geeignet, die Stärken und Schwächen forschungsbasierter Bildungsprozesse sichtbar zu machen. Daher wird es für die Hochschule der Zukunft verstärkt darauf ankommen, über die nur begrenzt Transparenz schaffenden Indikatoren und Berichtssysteme hinaus die inhaltliche Debatte über das eigene Selbstverständnis neu zu beleben.

Nicht im Gegen-, sondern im Miteinander von Humboldtschem Ideal und Bologneser Pragmatismus liegt daher die Zukunft eines sich zunehmend weiter ausdifferenzierenden

---

17 LICHTENBERG 2006, J 838, S. 150.

Wissenschaftssystems. Für die einzelne Hochschule impliziert dies, dass sie sich stets aufs Neue der Herausforderung stellen muss, ihre Stärken und Schwächen genau zu analysieren, die Chancen und Risiken ihres Lehr- und Forschungshandelns sorgfältig abzuwägen sowie den eingeschlagenen Weg der jeweiligen Profilbildung (u. a. im Sinne eines stärker professionsorientierten Lehr- und Studienangebots) mit einer perspektivischen Ressourcenplanung zu verknüpfen. Angesichts der anhaltenden Finanzmarkt- und Wirtschaftskrise, aber auch mit Blick auf die langfristige demographische Entwicklung ist dies eine überaus mühevolle, kaum zu lösende Aufgabe. Gerade in der Bildungs- und Wissenschaftspolitik gilt jedoch in ganz besonderer Weise der Satz von Albert Camus: „Wir müssen uns Sisyphos als einen glücklichen Menschen vorstellen."

Literatur

Becker, C. H.: Gedanken zur Hochschulreform. Leipzig: Quelle & Meyer 1919
Becker, C. H.: Vom Wesen der deutschen Universität. In: Schairer, R., und Hofman, C. (Hrsg.): Die Universitätsideale der Kulturvölker. Leipzig: Quelle & Meyer 1925
Greiner, U.: Schönheit muss man lernen. Die Zeit Nr. *4*, 75 (2015)
Humboldt, W. von: Der Königsberger und der litauische Schulplan [1809]. In: Flitner, A. und Giel, K. (Hrsg.): Wilhelm von Humboldt. Werke in fünf Bänden. Bd. *4*: Schriften zur Politik und zum Bildungswesen. S. 168–195. Stuttgart: J. G. Cotta'sche Buchhandlung 1964
Humboldt, W. von: Über die innere und äussere Organisation der höheren wissenschaftlichen Anstalten in Berlin [1810]. In: Flitner, A., und Giel, K. (Hrsg.): Wilhelm von Humboldt. Werke in fünf Bänden. Bd. *4*: Schriften zur Politik und zum Bildungswesen. S. 255–266. Stuttgart: J. G. Cotta'sche Buchhandlung 1964
Krull, W.: Bildung und Wettbewerb. In: Bildung? Bildung! 26 Thesen zur Bildung als Herausforderung im 21. Jahrhundert. S. 194–207. Berlin: Berlin Verlag 2009
Lichtenberg, G. C.: Sudelbücher. Wiesbaden: Matrix Verlag 2006
Mounk, Y.: Allgemeinbildung ist überschätzt. Die Zeit Nr. *5*, 63 (2015)
Paletschek, S.: Die Erfindung der Humboldtschen Universität. Die Konstruktion der deutschen Universitätsidee in der ersten Hälfte des 20. Jahrhunderts. Historische Anthropologie *10*, 183–205 (2002)
Paletschek, S.: Zurück in die Zukunft? Universitätsreformen im 19. Jahrhundert. In: Jäger, W. (Hrsg.): Das Humboldt-Labor. Experimentieren mit den Grenzen der klassischen Universität. S. 11–15. Freiburg: Universität Freiburg im Breisgau 2007
Rüttgers, J.: Rede anlässlich der HRK-Jahresversammlung 2009. Beiträge zur Hochschulpolitik *2*. Bonn: Hochschulrektorenkonferenz 2010
Schimank, U.: Humboldt: Falscher Mann am falschen Ort. FAZ, S. N5 (2009)

Dr. Wilhelm Krull
Generalsekretär
VolkswagenStiftung
Kastanienallee 35
30519 Hannover
Bundesrepublik Deutschland
Tel.: +49 511 8381215
Tel.: +49 511 8381235
E-Mail: Krull@Volkswagenstiftung.de

Panel 3: Prof. Dr.-Ing. Matthias KLEINER

Panel 3: Prof. Dr. Manfred PRENZEL

Panel 3: Prof. Dr. E. Jürgen ZÖLLNER

Panel 3: Dr. Wilhelm KRULL

Conclusio

Angela Borgwardt (Berlin)

Zusammenfassung

In diesem Beitrag werden Ergebnisse der Konferenz dargestellt, die sich der „Hochschulbildung des 21. Jahrhunderts" im Kontext eines sich wandelnden Wissenschaftssystems widmete. Dabei werden nicht alle Erkenntnisse vollständig wiedergegeben, sondern einige Gedanken aufgegriffen, die besonders bemerkenswert erscheinen.

In den Diskussionsrunden wurde das Thema aus unterschiedlicher Perspektive beleuchtet. Zum einen wurde die gegenwärtige Situation der Hochschulen vor dem Hintergrund der technologischen Entwicklung, des demographischen Wandels und der Globalisierung betrachtet – einschließlich der Auswirkungen auf den Bildungsbegriff. Zum anderen wurde danach gefragt, ob in der Vergangenheit Anregungen für die Weiterentwicklung der Hochschulbildung zu finden sind. Darüber hinaus wurden Ideen für die Hochschulen des 21. Jahrhunderts gesammelt.

Dabei wurden vor allem fünf Punkte deutlich: (*1.*) Die Hochschulen müssen grundsätzlich gestärkt werden, damit sie künftig ihre vielfältigen und wachsenden Aufgaben wahrnehmen können. (*2.*) Hochschulen müssen Stätten der Ausbildung und allgemeinen Bildung sein, was Veränderungen im gegenwärtigen Hochschulsystem notwendig macht. (*3.*) Es wird nicht *die* eine Hochschule des 21. Jahrhunderts geben, sondern mehrere Hochschularten mit unterschiedlichen Bildungsangeboten. (*4.*) Es können vier Dimensionen von Hochschulbildung unterschieden werden, die in den einzelnen Hochschulformen anders zu gewichten sind. (*5.*) Wir müssen die Hochschulen der Zukunft gemeinsam gestalten und dafür einen breit angelegten Diskurs mit möglichst vielen Akteuren führen.

Abstract

This article presents the results of a conference devoted to looking at "Higher Education in the 21st Century" in the context of a changing academic system. Not all of the findings are reproduced in their entirety, however, several ideas are discussed that are particularly noteworthy.

The topic was examined from diffcrent perspectives during the panel discussions. The current situation at universities was looked at against the backdrop of technological development, changes in demography, and globalisation – including their impact on the concept of education. The question also arose as to whether we should look to the past for suggestions on developing higher education. Ideas for universities of the 21st century were also collected.

Five points became clear in the course of these discussions: (*1.*) The universities have to be fundamentally strengthened in order to perform their varied and growing tasks in the future. (*2.*) Universities must become places of training and general education, something that necessitates changes to the current higher education system. (*3.*) There won't be just *one* university of the 21st century, but rather many types of universities with different educational opportunities. (*4.*) There are four different dimensions of higher education that are to be weighted differently depending on the type of university. (*5.*) We have to jointly create the universities of the future and carry out a broad discourse with as many actors as possible.

1. Wissenschaftssystem und Hochschulen im Wandel

Auf der heutigen Konferenz haben wir mit Expertinnen und Experten über die „Hochschulbildung des 21. Jahrhunderts" diskutiert. Außergewöhnlich war, dass das Thema nicht kleinteilig angelegt und auf eine spezielle Frage fokussiert war, sondern mutig angegangen wurde:

Angela Borgwardt

Die vielfältigen Einzelaspekte wurden im Gesamtzusammenhang eines sich wandelnden Wissenschaftssystems betrachtet. Das Thema kann als grundlegend für eine zukunftsfähige Gesellschaft gelten: Welche Bedeutung hat Bildung in einer Dienstleistungs- und Wissensgesellschaft? Und welchen Bildungsauftrag hat die Hochschule im 21. Jahrhundert?

Deutlich wurde: Wir befinden uns an einem sehr wichtigen Punkt bei der Gestaltung des Wissenschaftssystems – mit massiven Auswirkungen auf die zukünftige Bedeutung und Funktion der Hochschulen. Bisherige Entwicklungen müssen kritisch infrage gestellt, neue Wege beschritten werden. In manchen Bereichen wird es notwendig sein, umzusteuern und zu verbessern, um die Hochschulen wirklich zukunftsfest zu machen.

Fest steht, dass die Hochschulen *viel Kraft und Kreativität* brauchen werden, damit sie den gesellschaftlichen Wandel und die großen Herausforderungen im 21. Jahrhundert aktiv und selbstbewusst mitgestalten können. Dafür müssen sie umfassend gestärkt werden, sowohl finanziell als auch strukturell. Nur unter den geeigneten Rahmenbedingungen, die ihnen in wesentlichen Fragen die notwendigen Handlungsmöglichkeiten einräumen, können Hochschulen auch künftig ihre mannigfaltigen und wachsenden Aufgaben erfüllen:

– Nur dann können sie hervorragende Forschungsleistungen erbringen und den wissenschaftlichen Nachwuchs ausbilden;
– nur dann können sie ein Studienangebot bereithalten, das qualitativ hochwertiges Lehren und Lernen für sehr viele und zunehmend unterschiedliche Studierende ermöglicht, auch unter Nutzung der neuen Chancen digitaler Medien, innovativer Lehr- und Lernformen und mit einem verstärkten europäischen und internationalen Fokus;
– und nur dann können sie starke Partner in Kooperationen sein, sowohl mit anderen Hochschulen als auch mit außeruniversitären Forschungseinrichtungen, Unternehmen und zivilgesellschaftlichen Organisationen.

2. Hochschulen als Stätten der Ausbildung und Bildung

In unserer Diskussion wurden einige Kritikpunkte an der Hochschulbildung thematisiert, die in der aktuellen Bildungsdebatte eine wichtige Rolle spielen. So vertritt zum Beispiel der Philosoph Konrad Paul LIESSMANN in einer Streitschrift die These, das Bologna-System unterstütze eine „Praxis der Unbildung", indem Bildung vorrangig an Nützlichkeitskriterien und am Wirtschaftswachstum ausgerichtet werde – mit fatalen Folgen (LIESSMANN 2014). Und Dieter LENZEN, Erziehungswissenschaftler und Präsident der Universität Hamburg, stellt in seinem Essay *Bildung statt Bologna!* (2014) das grundsätzliche Scheitern der europäischen Hochschulreform fest und beklagt alarmierende Zustände an Universitäten: Es bedürfe dringend einer Rückbesinnung auf klassische Bildungsideale, und es müsse radikal umgesteuert werden, um eine Bildungskatastrophe zu verhindern.

Brauchen wir also eine völlige Abkehr vom jetzigen Modell oder reichen kleine Reformschritte aus? Ist Bildung überhaupt *mit* Bologna möglich?

Die Teilnehmenden der Konferenz haben für eine besonnene und differenzierte Sicht plädiert. Viele Defizite der gegenwärtigen Hochschulbildung resultierten aus einer mangelhaften Umsetzung des Bologna-Prozesses, was aber nicht heiße, dass die Ziele des gemeinsamen Europäischen Hochschulraums grundsätzlich falsch seien. Bildung sei durchaus mit Bologna möglich, doch brauche es dafür dringend Veränderungen, über die im Einzelnen noch diskutiert werden müsse.

Offen ist auch noch, ob und wie sich eine europäische Bildungsidee – jenseits von Standards und formaler Vereinheitlichung der Hochschulbildung in Europa – weiter entwickeln könnte.

Ein Ergebnis der Konferenz war sehr klar: Hochschulen müssen nicht nur für qualifizierte Ausbildung sorgen, sondern auch *Bildung im umfassenden Sinne* ermöglichen. Dies bedeutet aber nicht, das Humboldtsche Bildungsideal eins zu eins wiederzubeleben; dafür ist dieses Ideal zu sehr an bestimmte gesellschaftliche Konstellationen geknüpft, die heute nicht mehr gegeben sind. Die Hochschulbildung des 21. Jahrhunderts bedarf vielmehr eines *erneuerten Bildungsbegriffs*, der eine kritische Neuformulierung des klassischen Bildungsbegriffs einschließt; dabei sollten einzelne Aspekte aufgenommen und durch neue Aspekte ergänzt werden.

Einigkeit herrsche auch bei der Auffassung, dass Hochschulen nicht zu reinen, möglichst effizienten Berufsausbildungsstätten werden dürfen, die nur Spezialwissen vermitteln. Der Auftrag der Hochschulen solle nicht einseitig an einem Verständnis von optimaler „Berufsqualifikation" oder dem Leitbild der „Beschäftigungsfähigkeit" ausgerichtet werden, das sich nur am konkreten Arbeitsmarktbedarf oder einem bestimmten Arbeitsplatz orientiert. Vielmehr müsse es darum gehen, den Studierenden die notwendigen Fähigkeiten für die Ausübung eines Berufs zu vermitteln und somit „Berufsbefähigung" herzustellen – dies auch vor dem Hintergrund, dass traditionelle Berufsbiographien immer mehr an Bedeutung verlieren und das Berufsleben der Zukunft nur noch selten von einem einzigen „Lebensberuf", sondern von beruflichen Umbrüchen und Tätigkeitsveränderungen sowie verschiedenen Arbeits- und Weiterbildungsphasen geprägt sein wird.

Dieses Bildungsverständnis sollte für alle Hochschulformen gelten, wenn auch in unterschiedlicher Gewichtung. Der Anteil an Berufsorientierung und Praxisnähe wird an Fachhochschulen und Dualen Hochschulen sicher deutlich höher sein müssen als an Universitäten. Aber auch über diese Frage wird noch genauer zu diskutieren sein: Welche spezifischen Rollen und Aufgaben sollten die verschiedenen Hochschulformen in einem zunehmend ausdifferenzierten Wissenschaftssystem übernehmen? Differenzen müssen ja nicht Defizite in dem einen oder anderen Feld bedeuten, sondern könnten Ausdruck einer *akademischen Vielfalt* sein, die für unterschiedliche Bedürfnisse und Interessen passende Angebote bereithält.

In jedem Fall werden wir ernsthaft darüber nachdenken müssen, welche konkreten Veränderungen im bisherigen System notwendig sind, um diesem Ziel näherzukommen: dass Hochschulen auch in Zukunft Bildung im umfassenden Sinne – und nicht nur Ausbildung – ermöglichen.

Sicher, das ist ein höchst anspruchsvolles Ziel. Doch neben Fach- und Faktenwissen bedarf es weiterer Fähigkeiten von Hochschulabsolventen und -absolventinnen, wenn sie nicht nur für eine berufliche Tätigkeit ausgebildet, sondern auch in der Lage sein sollen, verantwortungsvoll zu agieren und individuelle und gesellschaftliche Interessen in Einklang zu bringen.

3. Vier Dimensionen von Hochschulbildung

So würde ich eine Essenz der heutigen Konferenz formulieren – Hochschulbildung des 21. Jahrhunderts umfasst mindestens vier Dimensionen:

– *Bildung als Berufsbefähigung*, die möglichst vielen Menschen gute Arbeits- und Lebenschancen erschließt, indem fachliche Kenntnisse, Medienkompetenzen, persönliche und soziale Fähigkeiten erworben werden, sei es im Rahmen der Erstausbildung oder bei Weiterbildungen im Laufe der persönlichen Bildungsbiographie, die unterschiedliche Ausprägungen haben kann.

– *Bildung zu einer Persönlichkeit*, die ganzheitlich, eigenständig und kritisch denken kann, intellektuell neugierig bleibt und fähig ist, sich kontinuierlich „selbst zu bilden" – als Basis für individuelles Glück bzw. für ein sinnvolles und gelungenes Leben.
– *Bildung zu wissenschaftlichem Denken und Handeln*, das den Ansatz und die Methoden von Wissenschaft vermittelt, etwa Analyse- und Reflexionsfähigkeiten, die Entwicklung eines eigenen, begründeten Standpunkts in Auseinandersetzung mit anderen Auffassungen, aber auch die „Suche nach Wahrheit".
– *Bildung zum mündigen Weltbürger bzw. zur mündigen Weltbürgerin* in einer Demokratie und in einer globalisierten Welt. Das beinhaltet humanistische Werte, die sich an Menschen- und Bürgerrechten orientieren, aber auch die Fähigkeit zu politischem Denken sowie Verantwortungsethik und Engagement für das Gemeinwohl.

Bei der Umsetzung der Bildungsdimensionen sollten die neuen Möglichkeiten der digitalen Medien ergänzend zum Präsenzlernen genutzt werden (*Blended Learning*). Doch wird auch in Zukunft die persönliche Begegnung zwischen Lernenden und Lehrenden von maßgeblicher Bedeutung für eine gelungene Bildungserfahrung und den Lernerfolg der Studierenden sein.

Im Hinblick auf Bildung müssen die Hochschulen somit zahlreiche Anforderungen erfüllen: sehr viele und unterschiedliche Menschen für einen Beruf befähigen, deren Persönlichkeitsentwicklung und politische Bewusstseinsbildung unterstützen, über forschungsbasierte Lehre allen Studierenden die Grundlagen der Wissenschaft und Fachkenntnisse vermitteln und zugleich die Ausbildung des wissenschaftlichen Nachwuchses sicherstellen.

Zudem müssen sich Hochschulen als Institutionen stärker als bisher gegenüber Gesellschaft und Wirtschaft öffnen, etwa durch *Service* und *Community Learning*, aber auch in Kooperationen und Vernetzungen mit außeruniversitären Forschungseinrichtungen, Unternehmen und anderen Institutionen.

Gleichzeitig stehen Hochschulen vor der Herausforderung, die Freiheit von Forschung und Lehre zu verteidigen und die Eigenlogik der Wissenschaft zu bewahren. Denn „echte" Wissenschaft braucht *Unabhängigkeit und Integrität*, um gedeihen zu können, sie braucht *Freiräume*, um Wissen zu erarbeiten, zu hinterfragen, zu artikulieren und zu vermitteln – auch solches Wissen, das nicht direkt verwertbar ist. In einer zunehmend komplexeren Welt ist es dabei unverzichtbar, die Zusammenhänge mitzudenken, die Grenzen von Disziplinen zu überschreiten und übliche Denkmuster zu verlassen.

Dies schließt natürlich keineswegs aus, sich mit Fragen zu beschäftigen und Problemlösungen zu entwickeln, die für Gesellschaft und Wirtschaft relevant sind, im Gegenteil: Wissenschaft leistet hier bereits einen entscheidenden Beitrag und muss ihn künftig noch stärker leisten. Allerdings ist gesellschaftliche und wirtschaftliche Relevanz von Wissenschaft nicht mit unmittelbarer Verwertbarkeit gleichzusetzen, und sie erschließt sich auch häufig nicht sofort. Als Wissensgenerator kann Wissenschaft nicht pragmatisch auf direkten Erfolg ausgerichtet sein. Die wissenschaftlichen Erkenntnisse entfalten oft ganz zufällig und erst auf längere Sicht ihre Wirkung, dies dann aber umso mächtiger.

4. Hochschulen des 21. Jahrhunderts gemeinsam gestalten

Eine entscheidende Frage ist: Wie kann dieses anspruchsvolle Bildungskonzept im gegenwärtigen Hochschulsystem umgesetzt werden? Welche Wege führen zum Ziel, und was ist unter den gegebenen Bedingungen überhaupt machbar?

Die vielfältigen Anforderungen, die an die Hochschulen herangetragen werden, bergen nicht nur die Gefahr der Überforderung, sondern scheinen teilweise auch in Widerspruch zueinander zu stehen, was an einigen Beispielen deutlich wird:

- Einerseits sind sehr viele Hochschulen strukturell und chronisch unterfinanziert, was sich unter anderem in schlechten Betreuungsverhältnissen und einem Mangel an Lehrpersonal zeigt – andererseits sollen sie zunehmend mehr Aufgaben erfüllen und ein umfassendes Bildungskonzept verfolgen;
- einerseits soll Hochschulbildung Persönlichkeitsentwicklung ermöglichen und stärker auf individuelle Lernbiographien und Bildungsinteressen eingehen – andererseits sehen sich Lehrende steigenden Studierendenzahlen und einer wachsenden Diversität der Studierendenschaft gegenüber;
- einerseits wird umfassender Bildung und guter Lehre ein hoher Stellenwert an Hochschulen eingeräumt – andererseits sind die Anreize im Wissenschaftssystem immer noch vorrangig an der Forschungsreputation des einzelnen Wissenschaftlers bzw. der einzelnen Wissenschaftlerin in der Fachcommunity ausgerichtet;
- einerseits werden mehr Freiräume für die Lernenden und mehr Zeit für eigenständiges, „forschendes" Lernen gefordert – andererseits ist das Bologna-System von Standardisierung, engmaschigen Strukturen und strengen Zeitplänen der Hochschulausbildung geprägt.

Angesichts dessen stellt sich die Frage, an welchen Stellschrauben angesetzt werden kann, um die gegenwärtigen Hochschulen langfristig als Stätten der Bildung und Ausbildung umzugestalten. Die Beantwortung dieser Frage ist alles andere als trivial. Im Kern gehören dazu auch strukturelle, finanzielle und rechtliche Aspekte.

Die Konferenz hat hier einen klaren Impuls gesetzt und interessante Anregungen geliefert. Die Überlegungen stehen aber noch am Anfang. Es bedarf eines längerfristigen und breit angelegten Diskussionsprozesses, um der zentralen Bedeutung der Hochschulbildung für die Gesellschaft gerecht zu werden. Neben den Mitgliedergruppen der Hochschule, allen voran den Studierenden und Lehrenden, sollten auch Akteure aus Politik, Verwaltung, Wissenschaft, Kultur, Wirtschaft und Zivilgesellschaft in die Debatte einbezogen werden. Im Mittelpunkt müssten zunächst grundsätzliche Fragen stehen:

- Welche verschiedenen Hochschulen brauchen wir mit welchem Bildungsauftrag? Denn es wird sicher nicht *die* Hochschule des 21. Jahrhunderts geben, sondern verschiedene Hochschulen mit je eigenem Profil und unterschiedlichen Angeboten.
- Und wie können wir diese Hochschulen gemeinsam gestalten? Denn Hochschulbildung ist eine Gemeinschaftsaufgabe und braucht das Engagement aller Beteiligten.

5. Weiterdenken

Was heute darüber hinaus sehr deutlich wurde: Hochschulbildung sollte sich von anderen Bildungsformen unterscheiden. Wodurch könnten sich die Hochschulen des 21. Jahrhunderts also auszeichnen?

Ein Vorschlag: Hochschulen sollten immer *Orte der Reflexion, der kritischen Debatte und des freien, offenen Denkens* sein, sei es im persönlichen *Face-to-Face*-Austausch oder im virtuellen Raum. Könnten sich Hochschulen in der Wissenschaftslandschaft nicht gerade darüber profilieren, solche Orte zu sein? Wo sonst in unserer Gesellschaft hätten diese Orte ihren Platz?

Angela Borgwardt

Wir sind heute nicht bei der Beschreibung der Gegenwart stehengeblieben, sondern haben grundlegende Fragen gestellt und Ideen zur Weiterentwicklung der Hochschulen gesammelt. Dabei haben wir neue Ansätze und Überlegungen gehört. Wir haben das Machbare und konkrete Schritte angesprochen, aber auch darüber nachgedacht, wie wir uns die Hochschullandschaft der Zukunft vorstellen und was wir uns von Hochschulbildung wünschen.

Schließen möchte ich deshalb mit einem Gedanken des Schriftstellers Robert Musil, den er Anfang des 20. Jahrhunderts in seinem wohl berühmtesten Roman formuliert hat: „Wenn es Wirklichkeitssinn gibt, muss es auch Möglichkeitssinn geben. So ließe sich der Möglichkeitssinn geradezu als die Fähigkeit definieren, alles, was ebenso gut sein könnte, zu denken und das, was ist, nicht wichtiger zu nehmen als das, was nicht ist."[1]

Demnach sind Ideen „noch nicht geborene Wirklichkeiten", und wir brauchen den „Sinn für die mögliche Wirklichkeit", um Neues zu schaffen und notwendige Veränderungen zu erreichen. Ich danke den Referentinnen und Referenten und allen im Publikum dafür, dass sie bei der heutigen Veranstaltung genau dazu beigetragen haben: mit ihren Ideen den Weg in eine wünschbare Zukunft mitzugestalten.

Literatur

Lenzen, D.: Bildung statt Bologna! Berlin: Ullstein 2014
Liessmann, K. P.: Geisterstunde. Die Praxis der Unbildung. Eine Streitschrift. Wien: Paul Zsolnay 2014
Musil, R.: Der Mann ohne Eigenschaften. Roman. Bd. *1* (Berlin 1930). Hrsg. von A. Frisé. Neu durchgesehene und verbesserte Ausgabe 1978. Reinbek bei Hamburg: Rowohlt 1987

        Dr. Angela Borgwardt
        Wissenschaftliche Publizistin
        Südwestkorso 11a
        12161 Berlin
        Bundesrepublik Deutschland
        Tel.:   +49 30 89733734
        E-Mail: angela.borgwardt@berlin.de

---

1 Musil [1930] 1987, S. 16.

Anhang

Veranstalter

Carl von Ossietzky-Universität Oldenburg

Prof. Dr. Katharina AL-SHAMERY
Vizepräsidentin für Forschung und Transfer, vom 1. 4. 2014 bis 31. 7. 2015 kommissarische Präsidentin

Mit der Namensgebung nach Carl von Ossietzky hat die Oldenburger Universität unterstrichen, dass Wissenschaft gegenüber der Gesellschaft Verantwortung trägt und sich dem öffentlichen Diskurs stellen muss. Diesem Anspruch fühlt sie sich nach wie vor verpflichtet. Die Universität Oldenburg vereint ein breites Spektrum an Wissenschaftsdisziplinen, das von den Sprach-, Kultur- und Geisteswissenschaften über die Erziehungswissenschaften, die Kunst- und Musikwissenschaften, die Rechts-, Wirtschafts- und Sozialwissenschaften, die Mathematik, Informatik und die Naturwissenschaften bis hin zu den im Jahr 2012 neu eingerichteten Medizin- und Gesundheitswissenschaften reicht. Die Universität Oldenburg ist eine junge Hochschule, die seit ihrer Gründung 1973 dazu beiträgt, der Nordwestregion wirtschaftliche und kulturelle Impulse zu geben.

Deutsche Akademie der Naturforscher Leopoldina –
Nationale Akademie der Wissenschaften

Prof. Dr. Jörg HACKER
Präsident

Die Leopoldina wurde 1652 gegründet und versammelt mit etwa 1500 Mitgliedern hervorragende Wissenschaftlerinnen und Wissenschaftler aus rund 30 Ländern. Sie ist der freien Wissenschaft zum Wohle der Menschen und der Gestaltung der Zukunft verpflichtet. Als Nationale Akademie Deutschlands vertritt die Leopoldina die deutsche Wissenschaft in internationalen Gremien und nimmt zu wissenschaftlichen Grundlagen politischer und gesellschaftlicher Fragen unabhängig Stellung. Hierzu erarbeitet sie unabhängige Expertisen von nationaler und internationaler Bedeutung. Die Leopoldina fördert die wissenschaftliche und öffentliche Diskussion, sie unterstützt wissenschaftlichen Nachwuchs, verleiht Auszeichnungen, führt Forschungsprojekte durch und setzt sich für die Wahrung der Menschenrechte verfolgter Wissenschaftler ein.

VolkswagenStiftung

Dr. Wilhelm KRULL
Generalsekretär

Die VolkswagenStiftung ist eine gemeinnützige Stiftung privaten Rechts. Sie wurde 1961 von der Bundesrepublik Deutschland und dem Land Niedersachsen ins Leben gerufen und ist keine Unternehmensstiftung. Sie fördert Wissenschaft und Technik in Forschung und Lehre und unterstützt die Geistes- und Gesellschaftswissenschaften ebenso wie die Natur- und Ingenieurwissenschaften und die Medizin.

Autorinnen und Autoren

AL-SHAMERY, Katharina

Prof. Dr., Professorin für Physikalische Chemie und seit 2010 Vizepräsidentin für Forschung und Transfer an der Carl von Ossietzky-Universität Oldenburg. In der Zeit vom 1. 4. 2014 bis 31. 7. 2015 kommissarische Präsidentin.
AL-SHAMERY, die 2011 für ihre besonderen Verdienste in Wissenschaft und Forschung mit dem Bundesverdienstkreuz ausgezeichnet wurde, ist Mitglied der Klasse I (Mathematik, Technik- und Naturwissenschaften) der Nationalen Akademie der Wissenschaften Leopoldina. Sie engagiert sich zudem in zahlreichen nationalen und internationalen *Advisory Boards*, ist externes wissenschaftliches Mitglied im Senatsausschuss Strategische Vorhaben (SAS) der Leibniz-Gesellschaft und seit 2009 Honorarprofessorin an der *Syddansk Universitet* (Dänemark).

BORGWARDT, Angela

Dr., Politologin und Germanistin, arbeitet als freie wissenschaftliche Publizistin, Redakteurin und Moderatorin für verschiedene Stiftungen und Verlage. Aktuelle Arbeitsschwerpunkte sind die Entwicklungen in der Bildungs- und Hochschulpolitik und die Folgen des gesellschaftlichen Wandels.

BURCKHART, Holger

Prof. Dr., Professor für Philosophie und seit 2009 Rektor der Universität Siegen.
BURCKHART ist Vizepräsident der Hochschulrektorenkonferenz für das Ressort „Lehre, Studium, Lehrerbildung und Weiterbildung" und engagiert sich in zahlreichen internationalen und nationalen Gremien, u. a. als Vorstandsmitglied des Hans Jonas-Zentrums Berlin/Köln sowie als Mitglied des Akkreditierungsrats und *Policy Fellow* des IZA-Forschungsinstituts zur Zukunft der Arbeit.

DOERING, Sabine

Prof. Dr., Professorin für Literatur an der Carl von Ossietzky-Universität Oldenburg.
DOERING ist seit Mai 2010 Präsidentin der Hölderlin-Gesellschaft und war im Rahmen von Gastprofessuren wiederholt an ausländischen Universitäten tätig. 2014/15 forschte sie als *Residential Fellow* am *Notre Dame Institute for Advanced Study* (NDIAS) an der *University of Notre Dame* (IN, USA).

GILLEN, Julia

Prof. Dr., Professorin für Berufspädagogik an der Leibniz Universität Hannover.
GILLEN ist seit April 2013 wissenschaftliche Leiterin des Zentrums für Lehrerbildung an der Leibniz-Universität Hannover und seit Oktober 2014 Mit-Koordinatorin des Niedersächsischen Verbunds zur Lehrerbildung.

HACKER, Jörg

Prof. Dr. Dr. h. c. mult. (emeritiert), Professor für Molekulare Infektionsbiologie.
HACKER ist seit 2010 Präsident der Deutschen Akademie der Naturforscher Leopoldina – Nationale Akademie der Wissenschaften, Halle (Saale). Er hat zahlreiche Auszeichnungen erhalten, u. a. 2009 das Verdienstkreuz am Bande der Bundesrepublik Deutschland und ist in diversen nationalen und internationalen wissenschaftlichen Gesellschaften sowie Gremien tätig, u. a. seit 2013 persönliches Mitglied im *Scientific Advisory Board* des Generalsekretärs der Vereinten Nationen.

HILLMER, Marita

Diplom-Ökonomin, ist verantwortlich für strategische Analysen in der Geschäftsstelle des Präsidiums der Carl von Ossietzky-Universität Oldenburg.

KLEINER, Matthias

Prof. Dr.-Ing., Professor für Umformtechnik.
KLEINER ist seit Juli 2014 Präsident der Leibniz-Gemeinschaft und war von 2007 bis 2012 Präsident der Deutschen Forschungsgemeinschaft (DFG). Er ist Mitglied in zahlreichen nationalen und internationalen Akademien und Beiräten und vielfach tätig als Juror und Gutachter für Forschungsprogramme sowie bi- und multilaterale Kooperationen.

KRULL, Wilhelm

Dr. phil., seit 2012 Honorarprofessor der *Faculty of Arts & Sciences* der Washington University in St. Louis (MO, USA).
KRULL ist seit 1996 Generalsekretär der VolkswagenStiftung und war zuvor in führenden Positionen beim Wissenschaftsrat und in der Generalvertretung der Max-Planck-Gesellschaft. Neben seinen beruflichen Tätigkeiten in der Wissenschaftspolitik und Forschungsförderung nahm und nimmt er zahlreiche Funktionen in nationalen und internationalen Aufsichts- und Beratungsgremien wahr, u. a. der *Organisation for Economic Co-operation and Development* (OECD), der Europäischen Union (EU) und dem Bundesministerium für Bildung und Forschung (BMBF).

MÜLLER, Albrecht VON

Prof. Dr., ist Direktor des interdisziplinären *Parmenides Center for the Study of Thinking* und lehrt Philosophie an der Ludwig-Maximilians-Universität (LMU) München. Er ist Mitglied des *Human Science Center* der LMU und war von 2010 bis 2015 Mitglied des Kuratoriums des Max-Planck-Instituts für Neurobiologie sowie des Max-Planck-Instituts für Biochemie.

PARCHMANN, Ilka

Prof. Dr., Professorin und Abteilungsleiterin für Didaktik der Chemie am Leibniz-Institut für die Pädagogik der Naturwissenschaften und Mathematik, IPN, seit Juni 2014 Vizepräsidentin für Lehramt, Wissenstransfer und Weiterbildung an der Christian-Albrechts-Universität zu Kiel.

PELLERT, Ada

Prof. Dr., Professorin für Bildungs- und Kompetenzmanagement.
PELLERT war 2009–2015 Gründungsdirektorin der Deutschen Universität für Weiterbildung. Seit Juli 2015 ist sie als Präsidentin der *Carl Benz Academy* in Beijing (China) tätig. Sie engagiert sich in zahlreichen nationalen und internationalen Beiräten und Gremien und ist CHER-Mitglied (*Consortium for Higher Education Researchers*).

PISTOR-HATAM, Anja

Prof. Dr., Professorin für Islamwissenschaft und seit Juni 2014 Vizepräsidentin für Studienangelegenheiten, Internationales und Diversität an der Christian-Albrechts-Universität zu Kiel. PISTOR-HATAM ist Mitglied mehrerer nationaler und internationaler wissenschaftlicher Institutionen und Gesellschaften, u. a. Mitglied der Akademie der Wissenschaften Hamburg, Mitglied im Beirat der Österreichischen Akademie der Wissenschaften, Institut für Iranistik und der *International Society for Iranian Studies*.

SCHIMANK, Uwe

Prof. Dr., Professor für Soziologie am Institut für Soziologie, Fachbereich Sozialwissenschaften an der Universität Bremen.
SCHIMANK ist Leiter der Arbeitsgruppe „Soziologische Theorie/Gesellschaftliche Differenzierung und Governance-Regimes" im SOCIUM an der Universität Bremen. 2014 wurde er in die Berlin-Brandenburgische Akademie der Wissenschaften gewählt.

SCHWARZ, Karin

Prof. Dr., Professorin für Lebensmitteltechnologie und seit Juni 2014 Vizepräsidentin für Forschung, Technologietransfer und wissenschaftlichen Nachwuchs an der Christian-Albrechts-Universität zu Kiel.
SCHWARZ ist Mitglied in vielen wissenschaftlichen Gesellschaften, Stiftungen und Beiräten.

Wolter, Andrä

Prof. Dr., Professor für Erziehungswissenschaftliche Forschung zum Tertiären Bildungsbereich an der Humboldt-Universität zu Berlin.

Wolter ist seit dem Wintersemester 2010/2011 Leiter der Abteilung Hochschulforschung am Institut für Erziehungswissenschaften der Humboldt-Universität Berlin und Mitglied in zahlreichen nationalen und internationalen wissenschaftlichen Einrichtungen. Er nimmt unterschiedliche Funktionen in der Wissenschafts- sowie Politikberatung war, u. a. ist er Mitglied der Autorengruppe für die Nationale Bildungsberichterstattung sowie der Akademie der Technikwissenschaften (acatech) und Mitherausgeber der Zeitschrift *Das Hochschulwesen*.

Bildnachweis

Seite 127 – Prof. Dr. Katharina Al-Shamery: Universität Oldenburg
Seite 127 – Prof. Dr. Jörg Hacker: David Ausserhofer
Seite 128 – Dr. Wilhelm Krull: Florian Müller
Seiten 52, 62, 80, 92, 118: Thorsten Helmerich, Universität Oldenburg